本研究受国家自然科学基金项目的资助（编号：71771161）

"中国100城"
城市创新生态指数报告
2022

施琴芬 于娱 主编

新华出版社

《"中国100城"城市创新生态指数报告·2022》

编委会

主　　编　　施琴芬　　于　娱

常务副主编　周　霞　　张秋菊

副 主 编　　朱卫未　　吴征天　　吴　洁　　陈　劲

核心成员（排名不分先后）

　　　　　　吴征天　　朱卫未　　吴　洁　　李　万　　田杰棠　　张庆源　　陈　劲

　　　　　　吴　蓉　　周　霞　　胡伏原　　董迎辉　　王建芳　　葛春雷　　贾晓琪

　　　　　　徐楠楠　　陈　竹　　于　娱　　张秋菊　　施琴芬

前　言

今日城市的竞争，本质上是城市创新生态的竞争，从全球科技创新的网络体系看，创新活动主要集中在若干创新生态良好、能够发挥节点功能的城市，实现创新资源和生产能力的最优配置，充分发挥有为政府和有效市场的作用，有效促进创新要素的加速聚集和增值，降低创新的成本和风险，让创新成为动能转换的核心和引擎。"科学技术具有世界性、时代性"，在中国科学院第二十次院士大会、中国工程院第十五次院士大会和中国科协第十次全国代表大会上，**习近平总书记强调要构建开放创新生态，参与全球科技治理。**

创新生态是一个复杂系统，要看深悟透道清绝非容易之事，这是研究的难点。2017年底，源于和国务院发展研究中心创新发展部田杰棠副部长、新华社中国财富研究院张庆源副院长诸葛夜话，于是开始了三年的"城市创新生态指数"的研究苦旅。2020年、2021年连续两年发布了"中国100城"城市创新生态指数报告，研究工作得到了大家的关注与肯定。**联合国科学与技术发展促进委员会彼得·梅杰主席认为"城市创新生态指数的发布"是一件十分有意义的工作，是值得研究团队持续研究的工作。**

研究团队在鼓励与支持中前行，在质询与建议中完善，在调研与思考中凝练，2022年《"中国100城"城市创新生态指数报告》终于呈现在您的面前。

期间得到了国内领域前辈们的指导与指点：中国科学院科技战略咨询研究院潘教峰院长的鼓励并支持；新华社中国财富传媒集团韩煦东副总裁的指点与支持；清华大学陈劲教授的合作与协同；团队成员的付出与情怀！

千淘万漉虽辛苦，吹尽狂沙始到金！希望我们的报告能为政府寻找城市创新发展的动力和诊断创新之路的阻力提供数据支撑和决策咨询；希望我们的报告能为企业寻觅栖息梧桐和判断扩张布局提供资源地图和政策分析；希望我们的报告能为产业创新集群建设提供"成像"检测和"靶向"诊断。

研究的历程有趣并艰辛，从摇晃的第一步到多问的第二步，到今天对每一位研究者充满吸引力和挑战性的第三步，无不让人对未来的研究心怀憧憬，我们就是创新生态系统中的元素之一，为您提供创新驱动发展的服务者。

施琴芬

2022年6月18日

目 录

引　言	01
一、创新生态与城市韧性	02
二、"中国100城"的遴选标准	11
第一部分	**13**
"中国100城"城市创新生态指数2022年度排名	14
第二部分	**19**
第一章：创新主体前20强城市分析	20
第二章：创新协同前20强城市分析	30
第三章：创新环境前20强城市分析	39
第三部分	**49**
第一章：创新主体规模前20强城市分析	50
第二章：创新主体投入前20强城市分析	59
第三章：创新主体产出前20强城市分析	73
第四章：创新协同平台前20强城市分析	81
第五章：创新协同互动前20强城市分析	92
第六章：创新国际合作前20强城市分析	102
第七章：创新投资环境前20强城市分析	112
第八章：创新生活环境前20强城市分析	123
第四部分	**139**
科城融合　创新集群	140
第五部分	**149**
附件一：城市创新生态指数的指标体系	150
附件二：城市创新生态指数的指标解释及数据来源	152
附件三：城市创新生态指数的数据计算模型	160
结　语	163

引言

一、创新生态与城市韧性

二、"中国100城"的遴选标准

一、创新生态与城市韧性

2022年，新冠肺炎疫情的影响已经持续到第三年，奥密克戎（Omicron）为世界和中国带来了新的挑战。2022年4月，习近平总书记在《求是》发表题为《加快建设科技强国 实现高水平科技自立自强》的文章，指出："当今世界百年未有之大变局加速演进，国际环境错综复杂，世界经济陷入低迷期，全球产业链、供应链面临重塑，不稳定性不确定性明显增加。新冠肺炎疫情影响广泛深远，逆全球化、单边主义、保护主义思潮暗流涌动。科技创新成为国际战略博弈的主要战场，围绕科技制高点的竞争空前激烈。"百年变局与世纪疫情为中国创新型城市的发展和城市创新生态系统的演进，带来了新的挑战和机遇。

1. 城市，巨生境，万物生长

"我的城市'生病'了，希望它能够尽快好起来"。疫情三年，人们时常会发出或看到听到这样的祝福。实际上，城市的确非常类似有机体，它为人们的创新活动提供了相应的生态环境。

知识经济时代，城市的核心功能在于促进人与人之间交流基础上的创新活动。

2018年，麦肯锡提出了未来成功的城市的14个特征：（1）能够吸引全球顶尖人才的工作环境；（2）灵活且环境可持续；（3）零到有限拥挤；（4）无污染的空气、最佳环境温度和充足的阳光；（5）清洁和零浪费的供水体系；（6）方便、负担得起的、健康的和新鲜的食物；（7）支持积极的生活方式；（8）赏心悦目的风景和公共空间；（9）分层且即时可用的社区协议，（10）没有实体或虚拟犯罪；（11）防止人为和自然危害；（12）前沿的预防保健；（13）负责和高效的政府服务；（14）方便地参与各种各样的非工作兴趣活动。在这些特征中，都需要诸如人工智能、传感器、自动驾驶、海水淡化、绿色能源、健康食物、垂直农场、生物医药、互动网络等大量科技创新的支持。[1][2]

可以说，未来成功的城市就是科技创新最强大的城市。

根据城市基础设施与人口规模之间的规模效应，城市将越来越大，节奏越来越快。

作为人口函数的城市基础设施，两者之间存在着非线性关系，也即城市的"克莱伯定律"，研究表明，这个系数为0.85，也即人口扩大一倍，基础设施并不需要增长一倍，而有着15%的节约。[3]意大利物理学家切萨雷·马尔凯蒂（Ceare Marchetti）提出了人们每天通勤一小时的"曝光时间"的规律。

由此可见，科技越发展，城市规模效应就越明显。《2020年度全国主要城市通勤监测报告》显示，像北、上、广、深四个超大城市的通勤半径平均为38千米，其他特大城市则为31千米。[4]无论是城市公共服务的效率，还是商业运营的效率，都不断突破"天花板"，实现一次又一次飞跃。[5]城市化与创新驱动发展相互成就，建设创新型城市，营建优良的城市创新生态系统，发展创新型经济，是几乎所有城市的共同战略选择。

根据国家统计局公布的"七普"数据，我国超大城市有7个，按城区人口数排序为：上海、北京、深圳、重庆、广州、成都、天津。我国特大城市共有14个，依次为武汉、东莞、西安、杭州、佛山、南京、沈阳、青岛、济南、长沙、哈尔滨、郑州、昆明、大连。可以看出，我国超大特大城市主要分布在东部和南方。经济总量与人口规模密切相关。2021年，万亿GDP城市已经扩容到24个，南方18个、北方6个，前50位城市的门槛也提高到了5000亿元以上，京、沪联袂突破4万亿。深、穗、渝2022年有可能望跨入3万亿，苏州未来5年内有望迈入3万亿。人口聚集也带来了产出效率的提高，2021年，人均GDP百强城市的门槛从7.07万元提升到7.99万元，来自江苏、浙江、福建、广东四省的城市最多，分别为12、8、8、7个。

城市人口规模不断增加，科技进步在其中发挥了关键作用——科技创新催生着一代又一代的"新基建"，这些"新基建"为城市居民的创新活动提供了崭新的支撑平台和优良的创新生态。

越大越快的城市，在某种程度上，也意味着越来越脆弱，增强韧性是成为城市未来发展的新命题。

城市的扩张并非没有"天花板"，除了技术之外，"城市病"一直是需要认真面对的严峻挑战。

城市的发展得益于15%的规模节约，但弊端也随之而来：卫生福利更好了，疾病传播得也更快；创业更便利了，企业的诞生和消亡更加频繁；商业更繁荣了，欺诈和犯罪也更多了；生活节奏更快，精神和心理疾病也容易爆发。

新冠疫情正让当代人见证并亲历了这一法则的重要作用。反脆弱或者说城市韧性的增强，已经刻不容缓。这背后的解决方案，依然与科技创新密切相关。

2. 创新，云飞渡，伏脉千里

不少研究表明，自20世纪70年代以来的50年间，科技进步的速度相比之前大大放缓了。罗伯特·戈登（Robert J. Gordon）在《美国增长的起落》中，分析了1870年以来150年美国全要素生产率增速的情况，发现1920-1970年这五十年增长最快，高于之前，也高于之后。[6] 诺贝尔经济学奖得主菲尔普斯[7]、经济学家泰勒·考恩[8]等，也都认为，除去眼花缭乱的互联网创新外，世界实际上处于一个科技"大停滞"的时代。正因此，新科技革命与产业变革才备受重视。未来10~30年，暗藏着影响21世纪乃至更长久的人类命运前途的重大科技创新突破。

国际上，新科技革命的勃兴与地缘政治格局的变动互为因果，建设科创中心城市和科创特色城市（群）成为关键战略举措。

科技发达国家都纷纷加快对未来前沿科技的布局，力求能够把握新科技革命与产业变革的重大战略机遇。在这一过程中，建设具有全球影响力的科技创新中心、科技创新特色城市和创新型城市群、城市连绵带和科创走廊，是实现空间功能开发与科技创新融合的关键所在。在美国，除硅谷、纽约、波士顿等科创中心城市，一些人士已经提出希望促进更多的城市成为新的技术中心，尽可能避免资源过度集中以及出现更多的"锈带"的问题。[9] "创新组团"正在快速兴起，国际著名的美加卡斯卡迪亚创新走廊和欧盟的"新欧洲"研究区都是"创新组团"的重要实践。

在我国，正逐步形成"国际科创中心——全国科创中心——区域科创中心——科创特色城市（群）"的创新型城市发展新格局。

北京、上海、粤港澳加速建设国际科创中心，成渝建设具有国内影响力的科创中心，同时，长三角G60科创走廊是"创新组团"的典型代表。近年来，长三角G60九城市GDP总量占全国比重从1/16上升到1/15，地方财政收入从1/15上升到1/12，市场主体数量从1/18上升到1/16，高新技术企业数从1/12上升到1/10。建设国家实验室、区域实验室，打造战略科技力量体系，是科创中心城市的共同战略选择，各地加快了基础前沿科学和关键核心技术攻关方面的布局。

在特大、超大城市加快打造国际、国内和区域科技创新中心的同时，大中城市也加快了科技创新的步伐，"科创中城"勃兴。

在美国，"逃离硅谷"、前往奥斯汀等中等城市定居工作（如甲骨文、SpaceX等），成为一些高技能人才的首选。大量的硬科技领域跨国公司都将其总部、地区分部或重要研发基地设在"科创中城"。在半导体集成电路领域，一批与硅有关的"科创中城"快速崛起，如"硅草原"（达拉斯）、"硅溪"（特拉维夫）、"硅林"（波特兰）、"硅山"（奥斯汀）、"硅岭"（丹佛）、"沙漠硅谷"（菲尼克斯）、"欧洲硅谷"（慕尼黑）等。在我国，贵阳、南通、芜湖等城市近年来依靠大数据云计算、汽车、海工船舶等实现了快速发展。

创新，是城市未来发展的核心动力之源，是打造未来城市竞争力的关键因素。

3. 生态，育先机，"氢"洁繁荣

面对新科技革命与产业变革，那些拥有优良创新生态系统的城市会率先孕育出新技术、新业态、新模式、新物种。同时，双碳减排与可持续发展将对城市的自然与社会生态，进而也会对城市创新生态系统产生深刻影响。

促进"新物种"涌现，培育未来产业的领袖企业，打造科技创新治理的新标杆。

未来把细节埋在历史中。从20世纪60年代中期到70年代中期的10年间，一系列影响日后技术和产业潮流的"新物种"诞生并发展起来，如英特尔

（1968年）、克雷研究（1970年）、西部数据（1971年）、微软（1975年）、苹果（1976年）、基因泰克（1976年）、百健生物（1978年）、艾康电脑（1978年）、希捷（1979年）、甲骨文系统（1979年）……。[10] 尽管历史不是一再重演，但因其内在规律性，也时常启示未来。可以看出，当下正处于一个深化科技体制改革、促进创新驱动发展的关键时期。

近年来，我国的科创中心城市和科创特色城市，在竞合博弈中不断优化自身定位，鼓励和支持创新创业，推动颠覆性技术研发和破坏性创新。实施未来领袖培育行动，选育创业者、企业家。在促进企业开办便利化的基础上，进一步放宽了商事主体管理，提升社会政策托底水平。推动企业关闭、市场退出、资源释放等方面既有序、更便利，为接续创业提供良好氛围。持续强化知识产权保护、反不正当竞争和反垄断执法力度，充分利用"红桃皇后"效应，营造空前激烈的技术创新竞赛氛围，倒逼企业以持续创新来获取和巩固市场竞争优势地位，加速全行业技术进步，为引领型发展奠定物质技术基础。

尽管面对一些不利的外部环境，但中国城市创新发展表现出了极大的活力、潜力和韧性。入选财富500强、欧盟工业研发2500强、独角兽、瞪羚企业等中国企业数量和规模都不断增加。

建设"最具创新活力的中央创新区（CID）"，打造若干创新增长极，成为我国城市落地"生态化创新"的重要抓手。

越来越多城市在建设创新型城市过程中，注重创新区的建设，打造"最具创新活力的中央创新区"和创新增长极。

美国布鲁金斯学会公布的《创新区的崛起：美国创新的新地理》研究报告中显示：过去50年，美国创新集聚区坐落在通过公路连接、远离市中心的城市郊区。这样的创新集聚区往往只能开车到达，很少注重生活品质或工作、家庭和娱乐的有机融合。如今，创新区大多出现在一些城市中心（Down-town）和次中心（Mid-town）的"锚机构"附近，这些城市包括波士顿、布鲁克林、芝加哥、波特兰、普罗维登斯、旧金山和西雅图等城市。其中，较为著名的有"最具活力的一平方英里"的肯德尔广场；1平方公里创新区的芝加哥市中心富尔顿市场，经过10年，成功逆袭；伦敦国王十字站域，正在积极打造世界级的创新区。

我国深圳、西安、石家庄、南通等地都在积极打造创新区，在产城融合、产教融合、职住平衡中打造新的增长极。2019年，南京启动"创新名城"战略部署，营造创新生态，建设城市"硅巷"。截至2021年年底，全市已备案"硅巷"载体面积达143万平方米，集聚高新技术企业184家，培育和引进科技型企业近1400家，产业集中度超70%。苏州高铁北站新城规划面积28.9平方千米，在"研发就是产业，技术就是商品"的理念指引下，导入高精尖产业中的成长型企业以及行业知名龙头企业，已经成为智能驾驶、数字金融、工业互联网、先进材料、大数据、文化创意六大未来产业的科创高地。

城市中的创新区堪称微型的"创新热带雨林"，是城市更新的重要方向，是科技和制造回归城市的重要载体。

加快落实"双碳"减排战略，实现城市的生态创新与创新生态的互励共进。

能源技术创新与城市生态可持续发展正在形成良性的正反馈机制。太阳能、风电等继续快速发展的同时，氢的制备、储运与资源化利用，迅速成为城市创新发展的重点方向。

近来俄乌战争等地缘政治事件突发，使得发展氢技术和氢经济正在成为确保能源安全、实现碳中和的战略性方向。由于风能和太阳能技术使用成本的降低，可再生氢气越来越具有经济价值，从"灰氢""蓝氢"走向"绿氢"的速度加快。截至2021年年底，中国累计建成超过190座加氢站，在营加氢站超过157座，超过日本，位居世界首位。氢能作为二次清洁能源拥有多元化的应用场景，整体潜在需求预计在3年左右即能达到万亿元以上规模。

毫无疑问，优良的、有韧性的自然生态和创新生态，对城市的今天及未来的发展都至关重要。而且，无论是自然生态还是创新生态，都会涉及城市创新发展中所急需的新基建。

4. 韧性，向未来，数实共融

城市是两种"流"融合的产物，也时刻体现着这两种"流"的动态变化。一种是资源与能源的流，它们被用于建设和维持城市的基础设施并被用于居民的日常活动。另一种则是连接整个城市居民以及外部网络的信息流。当其中任何一种流受到扰动，甚至被阻断，都将给城市带来意想不到的后果。"有韧性"的创新生态系统应该包括以下几个方面的内容：激发创新主体活力、推动高效创新协同，以及具有吸引力的创新环境。

数字化锻造城市供应链韧性，在线办公、远程交互催生"云化企业"的涌现，为城市创新生态系统注入新元素。

近年来，地缘冲突、美国对中国科技创新的无理打压以及新冠疫情等情况此起彼伏，全球产业链和供应链受到了多重不确定性影响，重构步伐不断加快。艾瑞咨询认为：未来的数字化供应链，是实体供应链的完整数字孪生，未来随着各类技术逐步落地，供应链将从"整体分离、阻隔、滞后，不连续、非实时的数据驱动"向整体协同、畅通、即时，基于数字孪生的分析与预测变革。

企业要重获供应链的韧性，必须在迅速转移货源、制造和分销活动上具有高度的可见性和敏捷性。而这种可见性和敏捷性的获取，往往是以数字化手段作为底座。数字化赋能使个性、定制、柔性、敏捷与韧性成为现实，使大规模定制化生产成为可能。

根据中国信通院2021年行业数字化研究报告统计，数字化转型可使物流服务业成本降低34.2%、营收增加33.6%；使零售业成本降低7.8%、营收增加33.3%，且随着数字化技术的普及和完善，各项数据还在持续上升趋势。面对疫情、自然灾害等，城市的保供企业，会大幅提高数字化水平，进而实现更稳定、更及时地完成保供任务。其他企业往往会通过数字化技术，进行远程办公，确保业务不断不乱。

数字化赋能产学研融通，数据密集型科学范式和场景导向创新范式在实践中正得以持续应用，科技创新的数字孪生日益受到重视。

数字技术，不仅能够有效消除高校基础研究、科研机构技术开发和企业产品创新之间的壁垒，弱化科技交流障碍，促进产学研协同，有效降低技术创新的成本与风险，提升创新绩效。

通过数字技术集成服务资源，搭建促进科技成果转移转化供需对接数字化平台。科技创新领域数字化平台，具有开放、多边、互动、增值、共享的特性，可整合优质资源、推动协同创新、激活创新要素。对于促进科技成果转移转化供需对接，数字化平台具有线上运行、数据库、集成服务等优势。同时，数字化平台的科技成果、需求、信息、项目及合作资源在开放系统框架下，可实现动态延伸、扩展、链接，具有明显的资源辐射优势，可大大拓展转移转化供需对接对象、领域、模式的选择。

数字化催生经济新蓝海，"东数西算"促进我国东中西智慧城市协同发展。

近年来，我国数字经济与实体经济融合发展，正在成为打造经济发展新优势的重要路径，基于数字经济的海量数据和实体经济的丰富应用场景，催生出一批新产业、新业态和新模式。《中国互联网发展报告2021》数据显示，2020年我国数字经济规模达到39.2万亿元，预计到2025年中国数字经济将达60万亿元，GDP占比超过一半。"十四五"规划纲要中提出"加快数字化发展，建设数字中国"。到2025年，数字经济迈向全面扩展期，数字经济核心产业增加值占GDP比重达到10%。

2022年，我国全面启动"东数西算工程"，在京津冀、长三角、粤港澳大湾区、成渝、内蒙古、贵州、甘肃、宁夏8地启动建设国家算力枢纽节点，并规划了10个国家数据中心集群。一些曾经在地理区位和传统资源上优势并不突出的城市，借由自身自然禀赋和创新努力，在数字经济上持续发力，将可能对我国城市创新格局产生深远影响。

随着中国城市化进程加快和中国建设世界科技强国战略的推进，城市的创新发展将进入到一个新阶段：通过信息技术的创新应用，将物理空间上的集聚一定程度上转变为网络空间上的集聚，从而可能使得城市既能获得人口集聚带来的规模效应，又能够避免过度拥挤引致的各种脆弱。

城市，将更"新"，更具创新活力；城市，将更"强"，更具创新韧性。

参考文献汇总

- 1. McKinsey&Company Report: Thriving amid turbulence: Imagining the cities of the future. Authored by Jonathan Woetzel , Vineet Rajadhyaksha , Joe Frem October 2018.

- 2. 麦肯锡：未来成功城市的14个特征，澎湃，https://m.thepaper.cn/baijiahao_16706113，中国城市中心 2022-02-15。

- 3. [英]杰弗里·韦斯特 著，张培 译，《规模》[M]，中信出版社，北京，2018年6月第1版，第30页。

- 4. 2020全国主要城市通勤监测报告出炉，https://tech.gmw.cn/2020-06/01/content_33877743.htm，中国网2020-06-01。

- 5. 李万、赵越，"从前沿科技展望未来城市交通"[J]，《交通与港航》，2019年第6期。

- 6. [美]罗伯特·戈登 著，张林山 等译，《美国增长的起落》[M]，中信出版社，北京，2018年5月第1版。

- 7. [美]菲尔普斯 著，余江 译，《大繁荣》[M]，中信出版社，北京，2013年9月。

- 8. [美]泰勒·考恩 著，王颖 译，《大停滞？科技高原下的经济困境：美国的难题与中国的机遇》[M]，世纪出版集团，上海人民出版社，上海，2015年4月第1版。

- 9. [美]乔纳森·格鲁伯 西蒙·约翰逊 著，穆凤良 译，《美国创新简史》[M]，中信出版集团股份有限公司，北京，2021年5月第1版。

- 10. 李万，从康波周期看"十四五"科技创新治理的重点[J]，《世界科学》，2020年12月增刊。

二、"中国100城"的遴选标准

根据2021年国家统计局的《中国城市统计年鉴》中GDP排名从高到低的原则遴选。

第一部分

"中国100城"城市创新生态指数2022年度排名

"中国100城"城市创新生态指数2022年度排名

序号	城市	省市	创新生态指数排名	创新主体排名	创新协同排名	创新环境排名	创新主体规模排名	创新主体投入排名	创新主体产出排名	创新协同平台排名	创新协同互动排名	创新国际合作排名	创新投资环境排名	创新生活环境排名
1	北京市	北京市	1	1	1	3	1	1	1	1	1	6	3	24
2	上海市	上海市	2	3	2	2	3	3	6	2	3	2	1	49
3	深圳市	广东省	3	2	10	1	4	2	3	23	13	1	2	5
4	苏州市	江苏省	4	7	4	4	6	5	12	4	15	3	4	12
5	广州市	广东省	5	4	9	7	2	4	8	10	7	7	5	11
6	南京市	江苏省	6	6	3	8	8	7	5	3	2	18	7	30
7	成都市	四川省	7	11	5	5	7	12	13	11	5	4	14	1
8	武汉市	湖北省	8	8	6	9	11	11	2	7	4	16	9	16
9	杭州市	浙江省	9	5	7	11	5	8	7	5	11	9	13	22
10	重庆市	重庆市	10	18	12	6	14	19	36	8	10	17	8	4
11	西安市	陕西省	11	9	11	15	10	9	9	9	6	26	35	3
12	天津市	天津市	12	12	8	16	12	10	21	6	9	14	10	78
13	青岛市	山东省	13	15	15	10	13	26	10	16	14	11	6	51
14	济南市	山东省	14	21	14	18	17	23	15	17	8	46	17	32
15	宁波市	浙江省	15	17	24	12	16	17	22	25	37	10	15	39
16	长沙市	湖南省	16	16	13	28	21	16	14	12	12	27	36	19
17	合肥市	安徽省	17	10	20	40	22	6	11	21	18	33	41	41
18	厦门市	福建省	18	22	18	20	23	21	27	31	20	8	12	93
19	无锡市	江苏省	19	19	22	22	19	20	20	22	33	15	22	20
20	郑州市	河南省	20	20	23	21	18	18	32	24	16	35	20	35
21	东莞市	广东省	21	29	17	13	15	52	17	36	52	5	44	2
22	珠海市	广东省	22	14	39	14	57	15	7	57	29	25	11	57
23	佛山市	广东省	23	13	27	36	9	14	28	44	21	12	46	15
24	福州市	福建省	24	30	29	17	30	30	35	29	31	23	16	43
25	大连市	辽宁省	25	40	16	23	35	47	31	15	17	30	19	46

续表

序号	城市	省市	创新生态指数排名	创新主体排名	创新协同排名	创新环境排名	创新主体规模排名	创新主体投入排名	创新主体产出排名	创新协同平台排名	创新协同互动排名	创新国际合作排名	创新投资环境排名	创新生活环境排名
26	沈阳市	辽宁省	26	25	25	27	26	28	23	20	24	43	26	53
27	昆明市	云南省	27	38	30	19	39	37	47	18	39	69	24	8
28	常州市	江苏省	28	24	26	31	20	27	33	32	22	22	27	68
29	哈尔滨市	黑龙江省	29	34	21	33	33	42	34	13	32	78	31	63
30	洛阳市	河南省	30	50	33	25	63	36	57	39	19	48	28	17
31	烟台市	山东省	31	46	45	24	46	44	50	48	43	31	18	58
32	嘉兴市	浙江省	32	26	42	34	48	25	16	37	93	20	38	34
33	长春市	吉林省	33	47	19	58	34	59	38	14	27	55	63	38
34	太原市	山西省	34	27	32	64	42	22	29	28	35	95	69	33
35	南昌市	江西省	35	33	28	57	44	31	51	19	41	36	58	48
36	温州市	浙江省	36	31	59	32	24	46	18	47	75	64	34	40
37	绍兴市	浙江省	37	28	56	43	32	29	25	46	87	34	48	25
38	南宁市	广西壮族自治区	38	63	44	30	38	74	61	35	49	72	30	44
39	石家庄市	河北省	39	48	41	42	37	50	49	41	30	53	32	86
40	中山市	广东省	40	41	38	49	45	34	58	64	26	24	80	6
41	徐州市	江苏省	41	51	31	62	25	64	39	30	23	44	52	67
42	芜湖市	安徽省	42	23	62	69	70	13	19	53	83	42	53	75
43	镇江市	江苏省	43	39	49	47	55	41	24	40	55	40	39	73
44	贵阳市	贵州省	44	45	40	53	52	38	56	34	40	91	64	18
45	泉州市	福建省	45	61	43	38	40	73	45	62	57	13	43	31
46	南通市	江苏省	46	58	37	46	31	75	46	33	77	21	45	54
47	唐山市	河北省	47	65	64	26	69	60	67	59	71	49	23	74
48	兰州市	甘肃省	48	36	34	80	54	32	37	27	42	98	82	50
49	湖州市	浙江省	49	35	57	55	41	33	41	45	94	37	50	47
50	潍坊市	山东省	50	43	54	51	28	54	43	54	60	47	70	10

续表

序号	城市	省市	创新生态指数排名	创新主体排名	创新协同排名	创新环境排名	创新主体规模排名	创新主体投入排名	创新主体产出排名	创新协同平台排名	创新协同互动排名	创新国际合作排名	创新投资环境排名	创新生活环境排名
51	宜昌市	湖北省	51	62	88	29	86	49	63	71	88	89	21	91
52	威海市	山东省	52	60	51	44	68	58	52	49	54	45	55	14
53	扬州市	江苏省	53	52	50	56	43	53	44	51	46	38	42	87
54	襄阳市	湖北省	54	68	61	35	79	63	75	52	64	66	25	95
55	乌鲁木齐市	新疆维吾尔自治区	55	85	35	48	73	89	62	26	59	96	67	9
56	盐城市	江苏省	56	54	46	68	29	61	55	50	36	39	49	90
57	台州市	浙江省	57	42	86	54	36	57	26	85	73	57	61	26
58	赣州市	江西省	58	74	36	60	58	78	76	38	28	41	86	13
59	连云港市	江苏省	59	66	77	37	59	62	66	74	78	51	29	92
60	包头市	内蒙古自治区	60	64	78	41	67	55	95	73	68	97	60	7
61	惠州市	广东省	61	44	52	71	53	35	54	61	90	19	73	55
62	东营市	山东省	62	56	74	52	85	45	40	58	97	82	47	61
63	金华市	浙江省	63	37	81	65	27	56	30	68	84	56	56	64
64	淄博市	山东省	64	49	70	59	56	39	59	84	45	68	72	27
65	泰州市	江苏省	65	53	47	79	47	51	48	60	34	32	51	98
66	鄂尔多斯市	内蒙古自治区	66	79	93	39	94	72	88	85	99	75	37	59
67	保定市	河北省	67	75	73	50	51	82	87	67	74	63	40	76
68	呼和浩特市	内蒙古自治区	68	57	58	72	64	43	92	42	86	88	65	66
69	株洲市	湖南省	69	32	91	85	87	24	42	85	95	58	75	77
70	咸阳市	陕西省	70	93	53	45	84	93	89	43	62	94	33	96
71	淮安市	江苏省	71	82	48	82	74	80	65	65	25	50	57	94
72	江门市	广东省	72	59	71	84	66	48	70	89	65	28	83	62
73	临沂市	山东省	73	77	66	67	49	85	80	74	51	59	81	23
74	漳州市	福建省	74	90	55	66	76	90	84	55	79	29	59	60
75	柳州市	广西壮族自治区	75	84	85	63	83	79	72	89	56	93	78	21

续表

序号	城市	省市	创新生态指数排名	创新主体排名	创新协同排名	创新环境排名	创新主体规模排名	创新主体投入排名	创新主体产出排名	创新协同平台排名	创新协同互动排名	创新国际合作排名	创新投资环境排名	创新生活环境排名
76	廊坊市	河北省	76	67	63	86	60	68	73	63	61	54	66	84
77	济宁市	山东省	77	78	72	75	50	86	68	71	69	62	91	36
78	岳阳市	湖南省	78	81	75	77	93	76	85	88	47	77	62	80
79	大庆市	黑龙江省	79	89	67	83	97	87	64	56	72	81	77	65
80	常德市	湖南省	80	76	76	88	98	66	79	76	63	60	74	85
81	滨州市	山东省	81	55	83	97	77	40	60	81	67	85	89	99
82	宿迁市	江苏省	82	73	80	89	65	71	90	66	98	65	76	79
83	衡阳市	湖南省	83	80	95	78	90	81	53	96	81	61	79	52
84	郴州市	湖南省	84	83	96	76	100	70	98	96	89	52	84	45
85	新乡市	河南省	85	69	68	94	78	65	78	76	48	70	93	81
86	许昌市	河南省	86	87	79	87	96	83	74	92	50	79	68	82
87	泰安市	山东省	87	70	92	90	75	69	69	89	80	73	94	56
88	遵义市	贵州省	88	95	98	61	88	95	83	96	96	100	71	28
89	南阳市	河南省	89	92	87	81	82	91	96	92	58	80	92	37
90	榆林市	陕西省	90	96	82	73	95	94	82	76	70	99	54	88
91	德州市	山东省	91	72	69	98	80	67	81	70	53	76	87	100
92	邯郸市	河北省	92	86	60	96	61	88	97	83	38	71	96	83
93	湛江市	广东省	93	98	90	74	81	97	93	76	92	74	85	42
94	沧州市	河北省	94	91	89	91	72	92	91	80	85	67	88	71
95	枣庄市	山东省	95	88	84	93	91	84	86	81	66	86	97	69
96	茂名市	广东省	96	99	94	70	99	99	94	92	76	90	90	29
97	聊城市	山东省	97	71	97	100	62	77	77	92	82	92	98	97
98	吉林市	吉林省	98	94	65	99	89	96	71	68	44	87	100	89
99	菏泽市	山东省	99	97	99	92	71	98	99	99	100	84	95	70
100	周口市	河南省	100	100	100	95	92	100	100	100	91	83	99	72

第二部分

第一章:创新主体前20强城市分析
第二章:创新协同前20强城市分析
第三章:创新环境前20强城市分析

第一章：创新主体前20强城市分析

创新主体主要是用于反映围绕技术创新发展进行各项投入产出活动的创新参与者在城市中的表现情况，是评价城市创新发展过程的重要指标。具体指标包含创新主体规模、创新主体投入和创新主体产出。根据课题组测算，创新主体前20强城市（见表2-1-1）的区域、梯度、位差与维度分析结果如下：

表2-1-1　2022年创新主体前20强城市

城市	创新主体得分	创新主体排名	GDP 排名	人均 GDP 排名	所在省市
北京市	0.9320	1	2	2	北京市
深圳市	0.5222	2	3	5	广东省
上海市	0.4959	3	1	7	上海市
广州市	0.4150	4	4	12	广东省
杭州市	0.3348	5	8	10	浙江省
南京市	0.3149	6	10	4	江苏省
苏州市	0.3099	7	6	6	江苏省
武汉市	0.3032	8	9	16	湖北省
西安市	0.2698	9	22	54	陕西省
合肥市	0.2600	10	20	29	安徽省
成都市	0.2454	11	7	45	四川省
天津市	0.2360	12	11	35	天津市
佛山市	0.2261	13	17	24	广东省
珠海市	0.2011	14	72	9	广东省
青岛市	0.2003	15	13	19	山东省
长沙市	0.1987	16	15	20	湖南省
宁波市	0.1967	17	12	14	浙江省
重庆市	0.1960	18	5	58	重庆市
无锡市	0.1890	19	14	1	江苏省
郑州市	0.1884	20	16	36	河南省

注：创新主体得分指其包括的二级指标标准化数据均权之和。

一、区域分析

创新主体前 20 强城市在部分省份呈现出一定的区域聚集性（见图 2-1-1）。北京市、上海市、重庆市和天津市 4 个直辖市均进入了前 20 强。广东省、江苏省和浙江省入围的城市较多，占 9 席。而广东省尤其突出，独占 4 席，占比 20%，其中含副省级城市两个：广州市、深圳市；江苏省名列第二，占榜单三席位，占比 15%，其中含副省级城市 1 个：南京市；浙江省两个城市上榜，占比 10%，均为副省级城市：杭州市、宁波市；湖北省、陕西省、安徽省、四川省、山东省、湖南省和河南省各有 1 个城市入选。

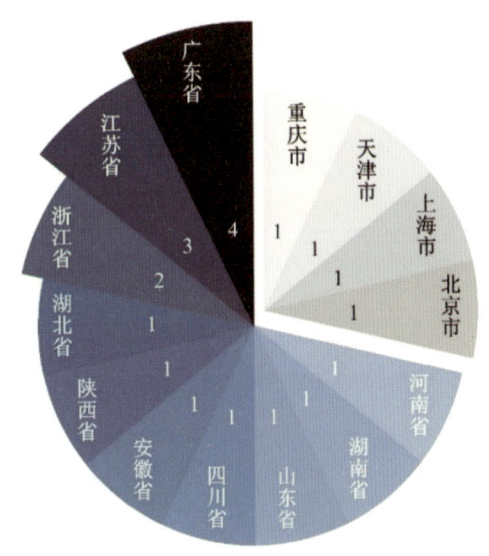

图 2-1-1 创新主体前 20 强城市的省市分布图

创新主体前 20 强城市中有 7 个分布在长三角地区，4 个分布在珠三角地区，两个分布在京津冀地区，6 个分布在中西部地区（见图 2-1-2）。

长三角地区入围前 20 强的城市包含：上海市、杭州市、南京市、苏州市、合肥市、宁波市和无锡市。除上海市及杭州市、南京市和合肥市三座省会城市外，苏州市、宁波市和无锡市的入榜值得关注。

珠三角地区入围前 20 强的城市包含：深圳市、广州市、佛山市和珠海市。其中两个副省级城市深圳市和广州市的入榜与其城市经济体量实力相符，在国内的 GDP 排名分别为第三名和第四名；佛山市和珠海市在国内的 GDP 排名分别为第十七名和第七十二名，但其创新主体排名分别跻身前 20 强的第十三名和第十四名，凸显了政府对创新主体建设的重视程度以及取得的创新成效。

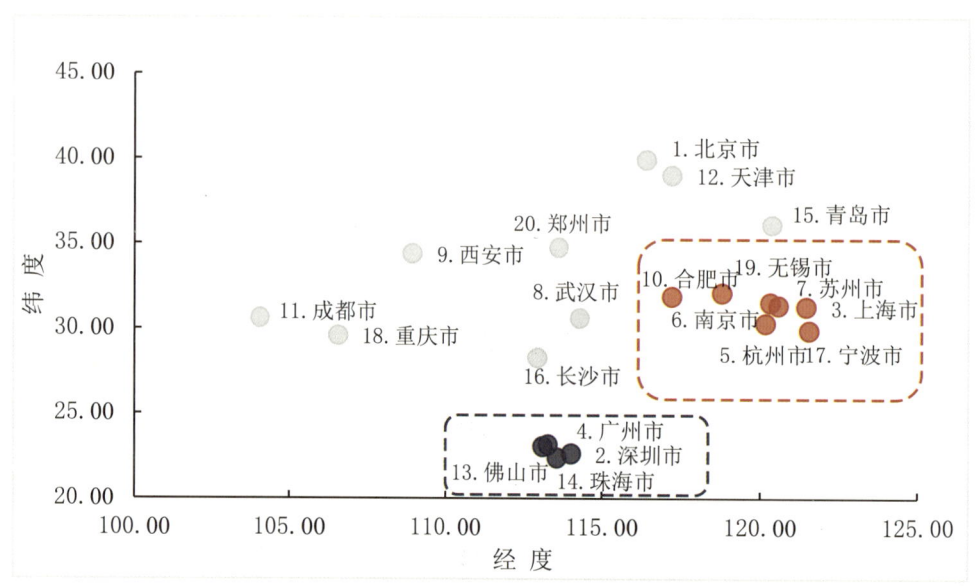

图 2-1-2 创新主体前 20 强城市区域分布图

二、梯度分析

根据创新主体标准得分可见，前 20 强城市可大致分为五个组（见图 2-1-3）。北京市属于第一组，得分最高，与第二组相比优势明显。在创新主体规模、创新主体投入和创新主体产出三个维度中均位列第一。从创新主体规模的角度来看，北京市拥有最多的高新技术企业、上市公司和拥有博士硕士学位的授予单位数量。从创新主体投入的角度来看，北京市拥有最多的 R&D 人员、知识密集型产业从业人员、R&D 内部经费支出以及最高的受高等教育人口比例。从创新主体产出的角度来看，北京市在研发投入强度、国家级科技奖励数量、有效商标数量以及每万人发明专利授权指标上均位列第一。深圳市、上海市和广州市属于第二组。上海市的小微企业数量遥遥领先，广州市拥有较高的上市公司数量，深圳市在R&D人员以及研发投入强度上具有明显的优越性。

杭州市、南京市、苏州市和武汉市这4个城市属于第三组。杭州市作为浙江省省会，是国家自主创新示范区、国家新一代人工智能创新发展试验区和国家人工智能创新应用先导区。南京市作为江苏省省会，是我国东部沿海经济带与长江经济带交汇的重要节点城市，拥有丰富的科教资源。苏州市的创新主体能力发展强劲，正极力打造全国"创新集群引领产业转型升级"示范城市。武汉市目前正将把科技创新"关键变量"转化为高质量发展"最大增量"，加快建设具有全国影响力的科技创新中心和湖北东湖综合性国家科学中心。

西安市、合肥市、成都市、天津和佛山市5个城市属于第四组。珠海市、青岛市、长沙市、宁波市、重庆市、无锡市和郑州市7个城市属于第五组。重庆市虽然经济体量较大，GDP排名第五位，但在创新主体指标上的优势并不明显。这主要是由于重庆市的创新产出维度得分较低，在获得国家级科技奖励数量、拥有有效商标数量以及每万人发明专利授权数量指标上还有很大的提升空间。珠海市虽然经济体量较小，GDP排名第七十二位，但在创新投入指标上的优势较为明显。这主要是由于珠海市的创新投入维度得分较高，在科学技术支出占地方一般公共预算支出比例和研发投入强度指标上优势明显，并且还拥有着较高的受高等教育人口比例。北京市、深圳市、上海市和广州市大幅领先其他城市，在城市创新发展模式上值得借鉴。

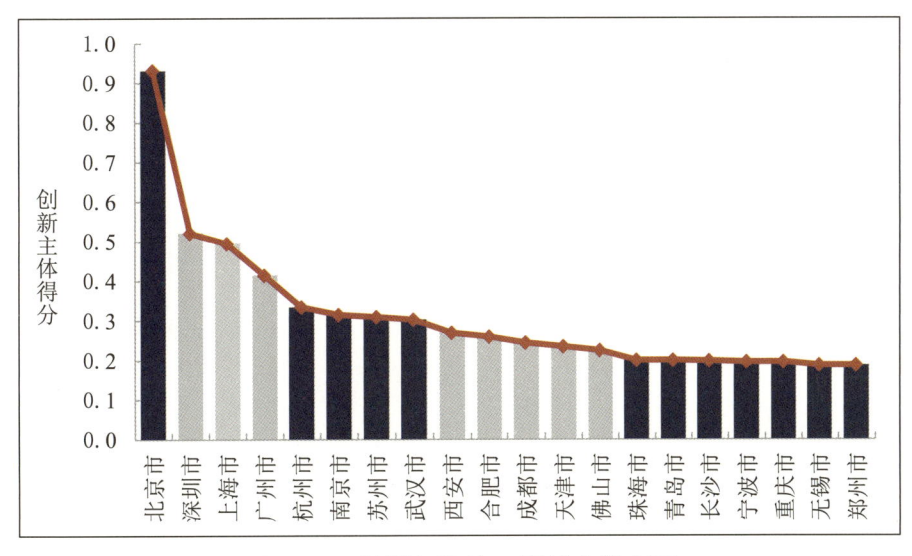

图 2-1-3 创新主体前 20 强城市梯度图

三、位差分析

城市创新主体与城市经济发展水平具有较强的一致性。聚集现象最为明显的长三角和珠三角地区是我国典型的经济发达地区，创新主体得分也相对较高。创新主体前20强城市排名与GDP排名、人均GDP排名的位差比较结果显示：大部分城市的创新主体排名与GDP排名、人均GDP排名保持一致或略有差别（见图2-1-4）。

广州市的创新主体排名与GDP排名完全一致，城市均衡度非常高。宁波市、无锡市、成都市、郑州市、上海市、青岛市、苏州市、天津市、长沙市、北京市、深圳市、武汉市、杭州市、南京市和佛山市的均衡度较高，排名仅相差在5个位差以内。其中，北京市、深圳市、武汉市、杭州市、南京市和佛山市的GDP排名高于其创新主体产出排名，其余城市的GDP排名则低于其创新主体产出排名。重庆市的均衡度较差，创新主体排名第十八位，而GDP排名位于全国第五位，其创新主体水平与经济发展水平存在一定差距。宁波市和无锡市也存在这一现象，GDP排名与其创新主体产出排名位差为5。合肥市、西安市和珠海市的创新主体水平明显领先于其经济发展水平，这些情况值得关注。

珠海市的创新主体排名与GDP排名存在较大位差，领先GDP排名58名，这一现象的产生与区域产业特色有着密不可分的关系。珠海市自建立经济特区以来，其具有特色的发展道路在珠三角乃至全国都可谓独树一帜，有选择地发展特色优势产业，因而成功地构筑了具有自主创新能力、自我发展能力的"四大园区+四小园区+两个特殊功能区"的特色优势产业格局，形成了八大特色产业集群，奠定了珠海市发展的经济基础。从产业集聚的角度来看，珠三角地区作为我国最大的消费电子行业集聚地，集聚了众多电子行业生产商，使城市在电子类专利等创新主体产出上具有显著优势。

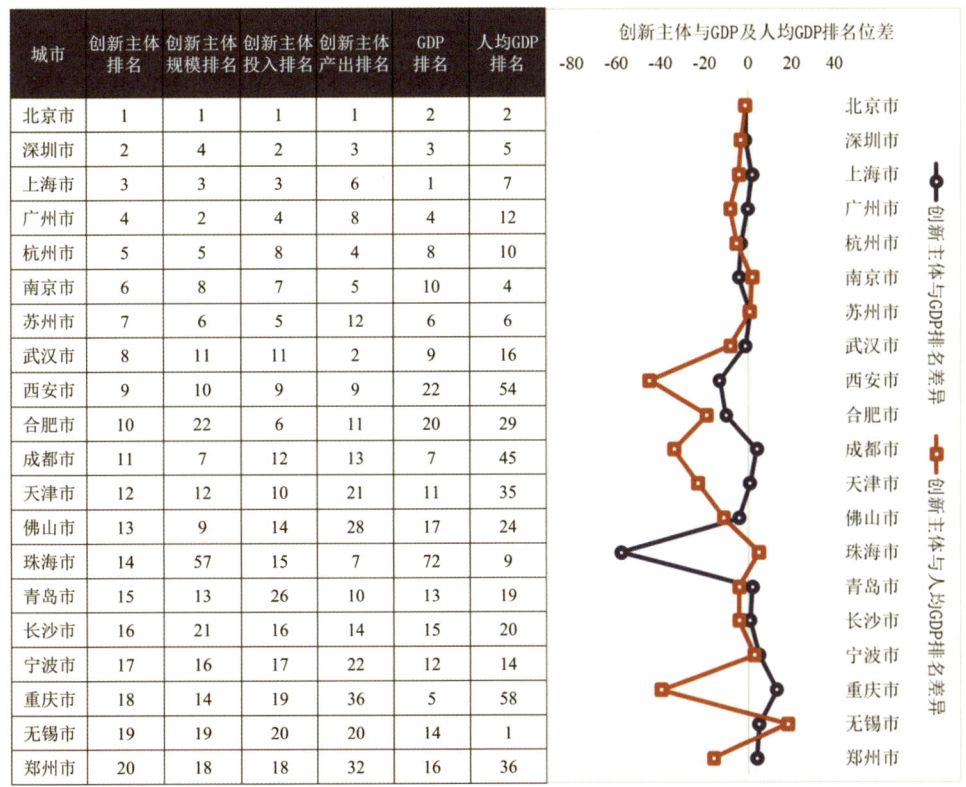

图 2-1-4 创新主体前 20 强排名与 GDP 排名及人均 GDP 排名差异

四、维度分析

针对上述城市的创新主体差异情况，可进一步分析其在不同维度上的比较优势。图 2-1-5 至图 2-1-7 分别展示了前 20 强城市在城市创新主体规模、创新主体投入和创新主体产出 3 个维度上的分项得分与总体得分的差异。

在创新主体规模维度中，北京市、上海市、广州市、深圳市和杭州市排名前 5（见图 2-1-5）。以上 5 个城市有着宽松的发展环境和浓厚的创新创业氛围，对企业的入驻有较强的吸引力，因此其城市小微企业数、高新技术企业数、规模以上工业企业数都较高。珠海市和合肥市的创新主体规模排名明显低于其创新主体排名，说明创新主体规模的体量偏小，在该维度上还有很大的发展潜力。

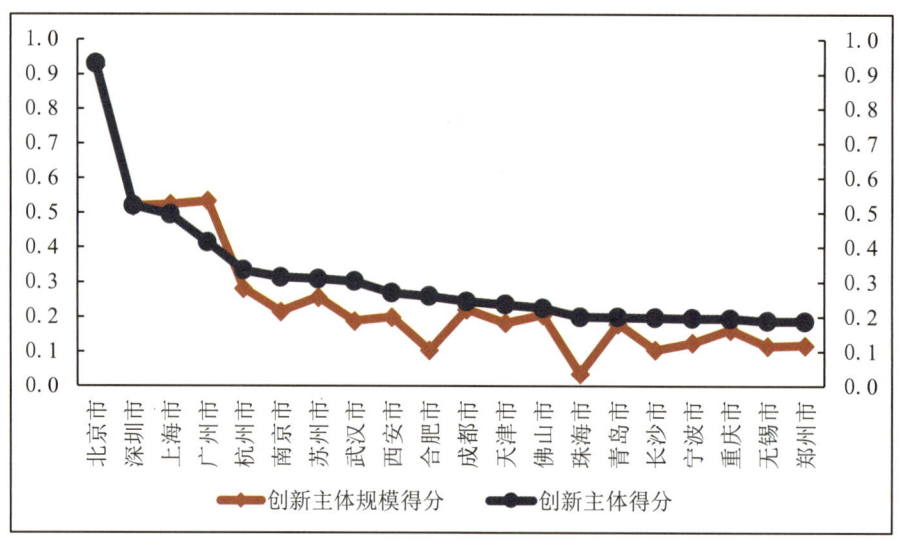

图 2-1-5 创新主体规模得分与创新主体得分对比图

在创新主体投入维度中，北京市、深圳市、上海市、广州市和苏州市排名前5（见图2-1-6）。这5个城市的GDP排名位于我国前10强，人均GDP排名位于前15强。发达的经济环境、有力的政府支持为这些城市创新主体的发展提供了沃土。合肥市的创新主体投入排名明显高于其创新主体排名，体现了合肥市提供了充足的投入助力科技创新。合肥市系统推进综合性国家科学中心建设成功入选国务院第八次大督查表扬的典型经验做法。与此同时，青岛市、武汉市和杭州市的创新主体投入排名分别低于创新主体指标排名11位、3位和3位，在该维度上还有很大的发展潜力。

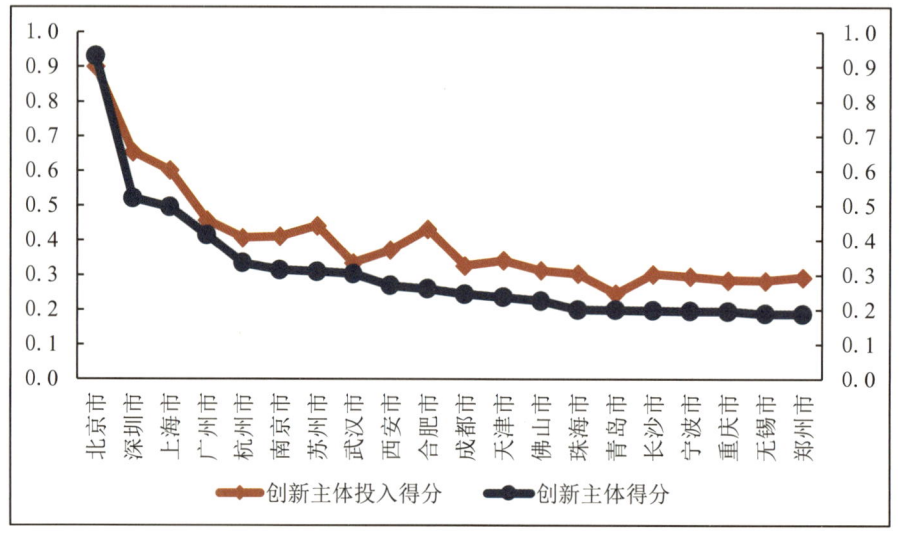

图 2-1-6 创新主体投入得分与创新主体得分对比图

在创新主体产出维度中,北京市、武汉市、深圳市、杭州市和南京市排名前5（见图2-1-7）。北京市和武汉市创新主体产出成果显著,由此看来这两座城市的创新发展正迈入高质量发展阶段。重庆市、佛山市和郑州市的创新主体产出排名分别低于创新主体指标排名18位,15位和12位。珠海市、青岛市和长沙市的创新主体产出排名明显高于其创新主体排名,说明这3个城市的创新产出能力很强。

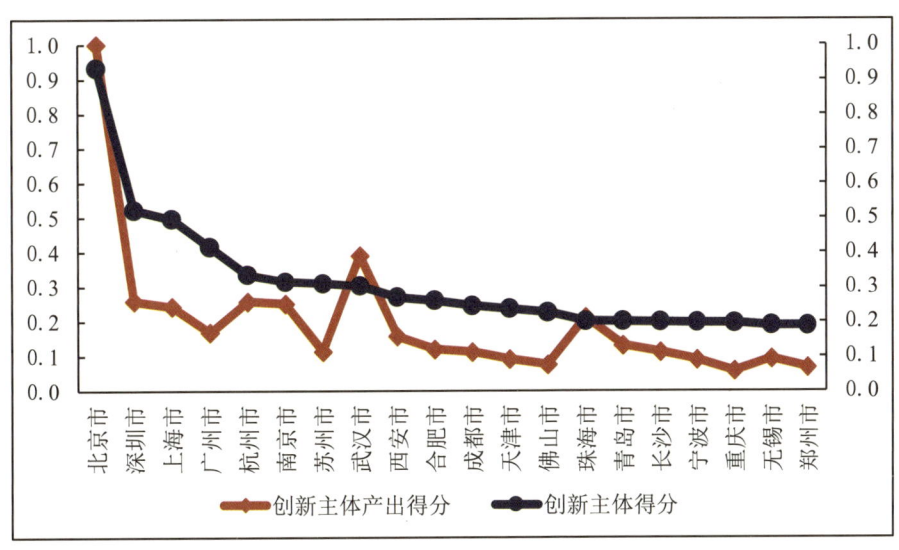

图2-1-7 创新主体产出得分与创新主体得分对比图

五、主要发现

通过对创新主体前20强城市在区域、梯度、位差、维度四个角度的分析,可以发现:

1. 从区域分布上看,创新主体前20强的城市呈现明显的聚集效应,其中广东省、江苏省和浙江省等经济发达的沿海地区入围城市数量较多。而广东省尤其突出,独占4席。江苏省和浙江省分别入围城市3个和两个。长三角和珠三角地区集中了排名前20强中的11个城市,其中长三角地区跻身前20强的城市数量最多,包含城市数量7个,形成了我国创新主体能力的高地。珠三角地区入围城市数量4个,深圳市的创新主体能力最强,其次分别为广州市、佛山市和珠海市。东部地区的入围城市数量远高于中西部地区的入围城市数量，较好的区位优势，推动了城市创新主体能力的提高。但与上年相比，珠三角地区的东莞市（第六名）和中山市（第十四名）城市的创新主体能力呈现出明显的下降趋势，并未跻身于本年的前20强。

2. 从梯度分析上看，创新主体前20强城市可以分为五个组。北京市属于第一组。深圳市、上海市和广州市属于第二组。

北京市人文底蕴深厚，科技资源丰富，科研院所的数量和实力在全国排名第一，具有发展科技产业的独特优势。深圳市作为首个国家创新型城市和首个以城市为单元的国家自主创新示范区，始终坚持市场化方向，将科研活动融入产业经济发展，通过发挥人才在创新中的核心关键作用，建立起以市场为导向、以产业化为目的、以企业为主体的创新体系，走出了一条具有深圳市特色的自主科技创新之路。上海市位于长江口，是中国的特大城市之一，也是中国的最大工业基地之一，智力资源富集，具有明显的区位优势。广州市拥有全省80%的高校、97%的国家级重点学科、69%的国家重点实验室以及58%的独立研究机构，集聚了一大批海内外顶尖创新人才。目前，广州市已建成3000多个省级以上创新平台，形成了以科学研究平台、技术研发平台为主，创新孵化平台及科技公共服务平台为支撑的多层次、宽领域的创新平台体系。

3. 从位差分析上看，大部分城市的创新主体排名与GDP排名、人均GDP排名保持一致或略有差别。重庆市的均衡度较差，创新主体排名第十八位，而GDP排名位于全国第五位，其创新主体水平与经济发展水平存在一定差距。存在的短板主要是体现在创新产出指标上，这说明重庆市应进一步增强城市的创新产出能力。

珠海市、西安市和合肥市的GDP排名高于其创新主体排名。珠海市的创新主体排名领先GDP排名58名，这一现象的产生与区域产业特色有着密不可分的关系。回望过去一年，珠海市高新区积极布局智能制造产业发展，加快传统制造向智能制造、低效制造向绿色高效转型升级，实现了"十四五"高质量发展的精彩开局，也为高质量发展开辟新的空间。西安市围绕打造丝路科创中心任务目标，积极投身秦创原创新驱动平台建设，着力打造秦创原"一总两带"总格局，推进经济社会实现高质量发展，科技创新工作各项任务取得了明显成效。近年来，从"嫦娥"探月到载人深潜，从"复兴"号到C919大型客机……这些"大国重器"的背后，处处闪耀着"西安制造"的光芒，也彰显着西安市科技创新的实力。2020年全市共投入研究与试验发展经费506.06亿元，研发投入强度高于全国2.65个百分点。在围绕产业链部署创新链、围绕创新链布局产业链方面，已梳理形成"西安市双链融合布局路线图"，推进成立先进稀有金属材料、半导体与集成电路、光子产业、高档数控机床、增材制造等7个省级创新联合体。合肥市集中力量推动"科技项目攻关、科技成果转化、科技企业培育"，加快建立以企业为主体、市场为导向、产学研深度融合的技术创新体系，在国家创新驱动发展全局中发挥着区域带动效应。

4. 从维度分析上看，北京市、深圳市、上海市、广州市、杭州市在创新主体规模、创新主体投入和创新主体产出得分均位居前列。北京市的创新主体规模、创新主体投入以及创新主体产出维度均位列第一。深圳市创新主体的三项二级指标发展较为均衡，排名均位于前5强。上海市和广州市的共同特点是在创新主体产出指标还有一定的进步空间，创新主体产出排名分别位列第六和第八。总体而言，这5个城市的GDP排名和人均GDP排名均居我国城市前列，可以看出发达的经济环境与这些城市的创新活动存在一定的因果反馈关系。

珠海市和合肥市的创新主体规模排名明显低于其创新主体排名，创新主体规模的体量偏小，在该维度上还有很大的发展潜力。此外，苏州市的创新主体能力发展强劲，正力打造全国"创新集群引领产业转型升级"示范城市。"十四五"时期计划动态投入超1000亿元专项资金，用以支持数字经济时代产业创新集群发展。合肥市的创新主体投入排名明显高于其创新主体排名，这说明合肥市提供了充足的投入助力科技创新。

第二章：创新协同前20强城市分析

城市创新协同主要用以反映城市以创新协同平台为基础，创新主体间开展国内与国际创新合作的活跃情况。具体指标含：创新协同平台、创新协同互动和创新国际合作。根据课题组测算，创新协同前20强城市（见表2-2-1）的区域、梯度、位差与维度分析结果如下：

表2-2-1　2022年创新协同前20强城市

城市	创新协同得分	创新协同排名	GDP排名	人均GDP排名	所在省市
北京市	0.6600	1	2	2	北京
上海市	0.6127	2	1	7	上海
南京市	0.3997	3	10	4	江苏
苏州市	0.3431	4	6	6	江苏
成都市	0.3423	5	7	45	四川
武汉市	0.3311	6	9	16	湖北
杭州市	0.2988	7	8	10	浙江
天津市	0.2944	8	11	35	天津
广州市	0.2926	9	4	12	广东
深圳市	0.2783	10	3	5	广东
西安市	0.2671	11	22	54	陕西
重庆市	0.2554	12	5	58	重庆
长沙市	0.2047	13	15	20	湖南
济南市	0.1963	14	19	27	山东
青岛市	0.1823	15	13	19	山东
大连市	0.1562	16	29	38	辽宁
东莞市	0.1467	17	24	41	广东
厦门市	0.1464	18	34	18	福建
长春市	0.1448	19	32	60	吉林
合肥市	0.1443	20	20	29	安徽

注：创新协同得分指其包含的二级指标标准化数据均权之和。

一、区域分析

创新协同指数上，北京市、上海市、重庆市和天津市4个直辖市均进入了前20强，部分省份呈现出一定的区域聚集性（见图2-2-1）。广东省入围的城市最多，占3席，占比15%，其中含副省级城市两个：广州市和深圳市；江苏省和山东省并列第二，各占两席，共占比20%，其中含副省级城市3个：南京市、济南市和青岛市；此外，四川省、湖北省、浙江省、陕西省、湖南省、辽宁省、福建省、吉林省和安徽省各有1个城市入选。

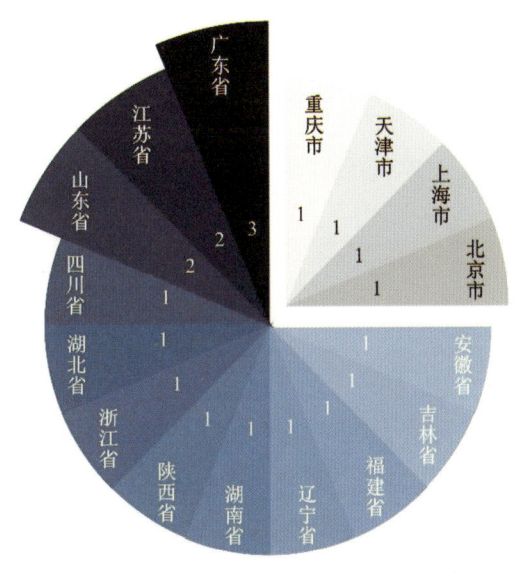

图2-2-1 创新协同前20强城市的省份分布图

创新协同前20强城市中有5个分布在长三角地区、5个分布在中西部地区、5个分布在环渤海地区、3个分布在珠三角地区（见图2-2-2）。

长三角地区入围前20强城市包含：上海市、南京市、杭州市、合肥市和苏州市，除直辖市上海市及南京市、杭州市、合肥市3个省会城市外，苏州市的入榜值得关注；中西部地区入围前20强城市包含：重庆市、成都市、西安市、武汉市和长沙市；环渤海地区的北京市、天津市、济南市、大连市和青岛市入围前20强城市。

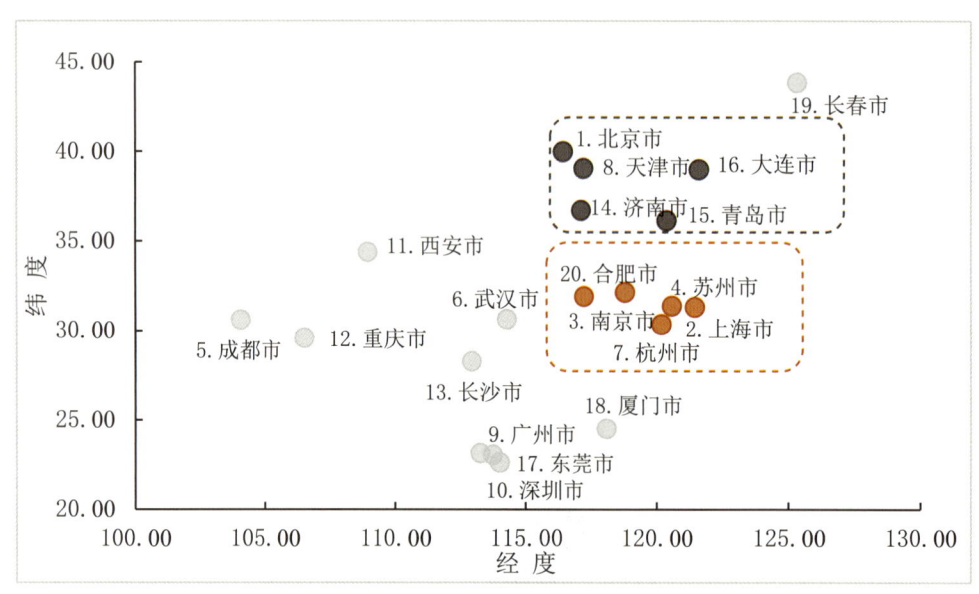

图 2-2-2 创新协同前 20 强城市区域分布图

二、梯度分析

根据创新协同得分排名可见,前 20 强城市可分为 6 个组(见图 2-2-3)。其中北京市、上海市两个城市属于第一组,这 2 个城市的得分大幅度领先全国其他城市。北京市在国家级技术转移中心数量、国家级孵化器数量、协同创新中心数量和高校技术转移收入排名中均位列第一;上海市在国家级大学科技园数量和产业集群数量排名中均位列第一。南京市属于第二组,第二组与第一组在创新协同得分上存在较大的差异,南京市作为江苏省省会,是我国东部沿海经济带与长江经济带交汇的重要节点城市,拥有丰富的科教资源,其高校与企业合办研究机构数量排名位列全国第一。苏州市、成都市和武汉市属于第三组,第三组与第二组的差异相对于第二组与第一组的差异有所减小,苏州市得益于其以外向型经济为主导的特点,颁布了相关支持政策,例如《苏州工业园区外商投资股权投资企业试点办法》,使苏州市外商投资企业排名位列第一;成都市在当年实际使用外资金额的排名上位列第一。杭州市、天津市、广州市、深圳市、西安市和重庆市属于第四组,第四组城市与第三组城市之间的得分差异较小。长沙市、青岛市和济南市属于第五组,第五组内城市间的得分差异较小。大连市、东莞市、厦门市、长春市和合肥市属于第六组,其中长春市和合肥市的入选值得关注。长春市作为东北老工业基地城市,在贯彻2018年印发的《吉林省技术转移体系建设方案》中取得良好成效;长春市高校技术转移收入方面得分较高;合肥市近年来着力提升新一代信息技术发展水平,集聚了一批具有全球竞争力的龙头企业,培育了具有全球影响力的创新发展策源地,力争到"十四五"末打造具有国际竞争力的五千亿级产业集群,并将此写入《合肥市"十四五"新一代信息技术发展规划》。

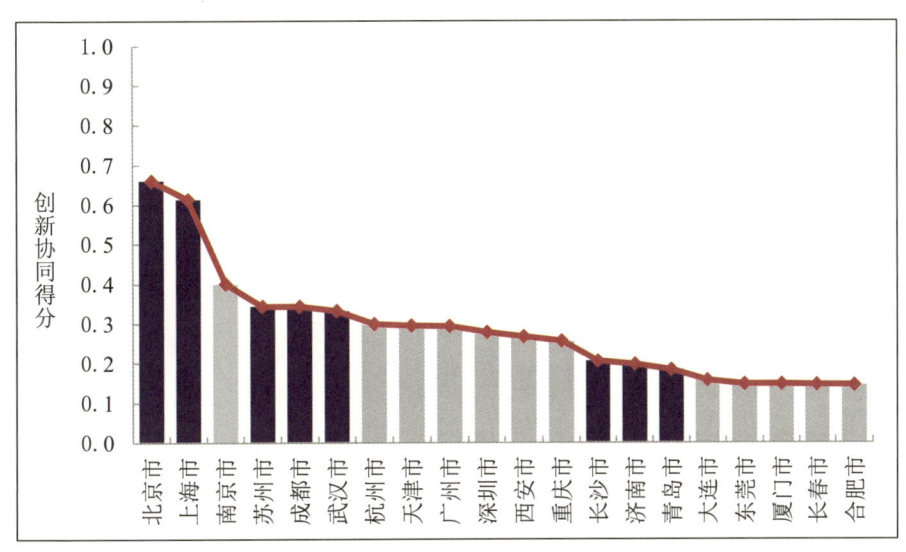

图 2-2-3 创新协同前 20 强城市梯度图

三、位差分析

城市创新协同与区域经济发展水平呈现一定的关联特征。创新协同前20强城市排名与GDP排名、人均GDP排名的位差比较结果显示,大部分城市创新协同排名与GDP排名基本保持一致、与人均GDP排名存在一定差异。城市创新协同排名与城市GDP排名位差在5以内的城市有12个,占比60%,城市创新协同排名与城市人均GDP排名位差大于5的城市有11个,占比55%。课题组对比分析了20个城市的创新协同排名与GDP排名及人均GDP排名(见图2-2-4)。

城市	创新协同排名	创新协同平台排名	创新协同互动排名	创新国际合作排名	GDP排名	人均GDP排名
北京市	1	1	1	6	2	2
上海市	2	2	3	2	1	7
南京市	3	3	2	18	10	4
苏州市	4	4	15	3	6	6
成都市	5	11	5	4	7	45
武汉市	6	7	4	16	9	16
杭州市	7	5	11	9	8	10
天津市	8	6	9	14	11	35
广州市	9	10	7	7	4	12
深圳市	10	23	13	1	3	5
西安市	11	9	6	26	22	54
重庆市	12	8	10	17	5	58
长沙市	13	12	12	27	15	20
济南市	14	17	8	46	19	27
青岛市	15	16	14	11	13	19
大连市	16	15	17	30	29	38
东莞市	17	36	52	5	24	41
厦门市	18	31	20	8	34	18
长春市	19	14	27	55	32	60
合肥市	20	21	18	33	20	29

图 2-2-4 创新协同前 20 强城市排名与 GDP 排名及人均 GDP 排名的位差

创新协同排名与 GDP 排名位差较小。上海市和青岛市的创新协同排名低于其 GDP 排名，排名差异在 3 个位差以内；北京市、苏州市、成都市、武汉市、杭州市、天津市和长沙市 7 个城市高于其 GDP 排名，排名差异在 3 个位差以内。上述城市的创新协同与区域经济发展水平表现出较高的均衡性。

创新协同排名与人均 GDP 排名存在较大差异，其中以重庆市、成都市、西安市和长春市尤为显著，仅北京市、南京市、苏州市、杭州市、广州市和厦门市 6 个城市的排名差异在 3 个位差之内。城市的人均 GDP 排名大多低于其创新协同排名，仅有深圳市人均 GDP 排名高于其创新协同排名。

四、维度分析

针对上述城市的创新协同差异情况，课题组进一步分析了其在不同维度上的比较优势。图 2-2-5、图 2-2-6 和图 2-2-7 分别展示了前 20 强城市在创新协同平台、创新协同互动和创新国际合作3个维度上的分项得分与总体得分的差异。

在创新协同平台维度中，北京市、上海市得分远超于前20强的其他城市（见图2-2-5）。北京市与上海市创新协同平台得分较高与其丰富的科教资源和强劲的政策保障密不可分。北京市的国家级技术转移中心数量、国家级孵化器数量和协同创新中心数量排名均位列第一，上海市的国家级大学科技园数量排名位列第一。另外，南京市、杭州市和苏州市创新协同平台的排名也较为突出。

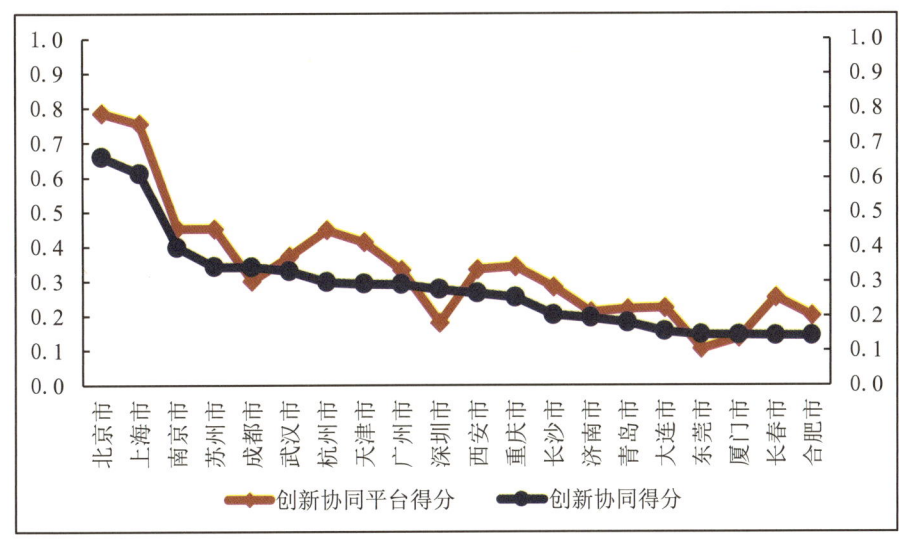

图 2-2-5 创新协同平台维度得分与创新协同得分对比图

在创新协同互动维度中，北京市和南京市得分占据前两位，与前20强的其他城市存在一定差异（见图2-2-6）。北京市与南京市在创新协同互动上各有优势，得益于《北京市促进科技成果转化条例》的贯彻实施，北京市的高校技术转移收入指标得分最高，而南京市的高校与企业合办研究机构数量指标得分最高，这均与两个城市丰富的教育资源紧密相关。另外，上海市和武汉市创新协同互动的排名也比较靠前，上海市和武汉市向来重视创新协同互动的发展，并出台了相关政策，例如上海市的《上海市先进制造业发展"十四五"规划》、武汉市的《武汉市科技局、经信局关于推进2020年度企校联合创新中心建设的通知》等。

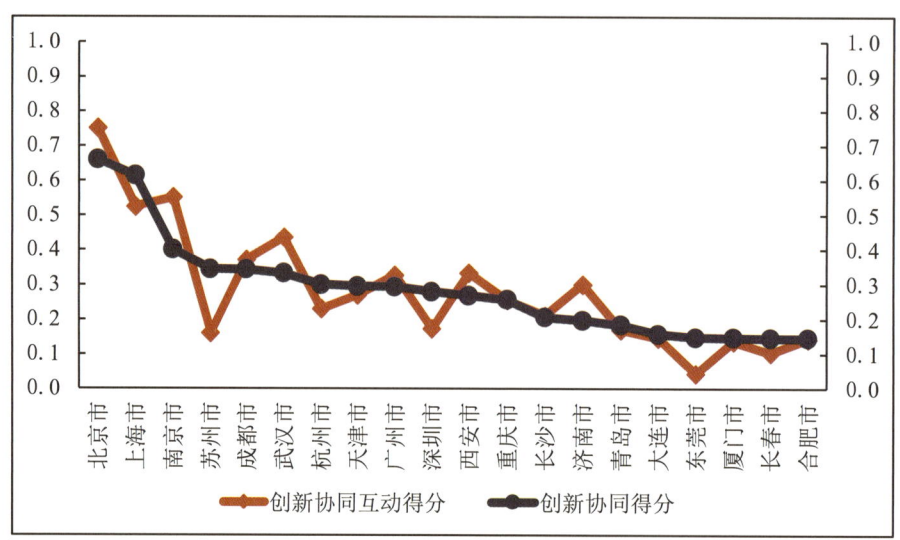

图 2-2-6 创新协同互动维度得分与创新协同得分对比图

在创新国际合作维度中，深圳市得分远超于前20强的其他城市（见图2-2-7）。深圳市创新国际合作得分较高与其政策环境密不可分，其境外注册专利数量排名位列全国第一，深圳市不断完善和创新境外投资合作的政策和综合服务，深圳市正积极发挥"一带一路"建设重要支撑作用，不断提升"一带一路"国际合作能级。此外，得益于长三角的区域优势，上海市和苏州市创新国际合作的排名也比较靠前。

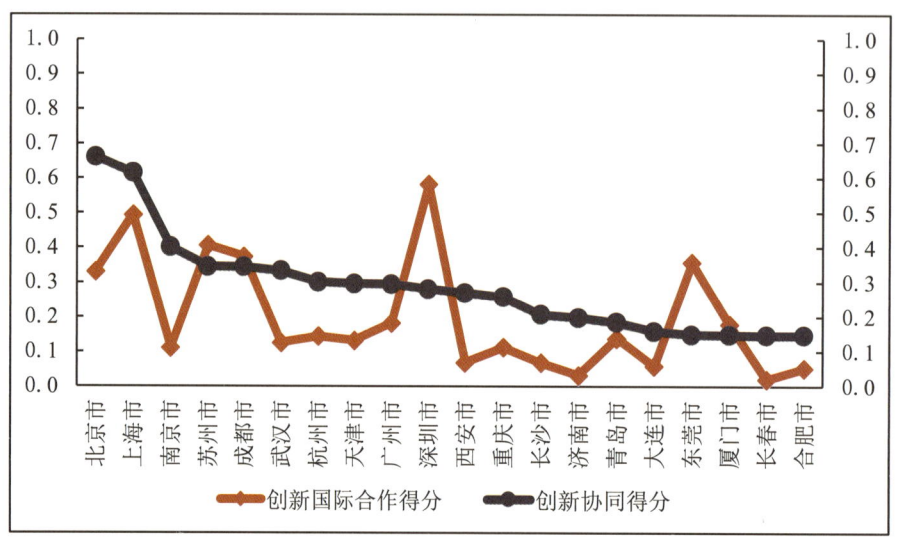

图 2-2-7 创新国际合作维度得分与创新协同得分对比图

五、主要发现

通过对创新协同前20强城市在区域、梯度、位差、维度四个角度的分析，可以发现：

1. 从区域分布看，创新协同前20强城市在我国的长三角地区和环渤海地区呈现出区域聚集效应。这些城市制定了一系列促进高校院所科技成果转化的政策，例如北京市的《北京市促进科技成果转化条例》、上海市的《上海市促进高新技术成果转化的若干规定》，并重点支持国家级开发区和协同创新中心建设，促进了城市创新协同平台发展；此外，长三角地区和环渤海地区为我国典型经济发达地区，该区域城市的创新主体之间的协同互动活跃，区域经济的发展与城市创新协同存在依存关系。此外，中西部地区也有5个经济发展较好的城市进入创新协同前20强，分别为重庆市、成都市、西安市、武汉市和长沙市。

2. 从梯度分析看，创新协同前20强城市按照创新标准得分可分为6个组。其中，北京市、上海市2个城市属于第一组，大幅度领先其他城市，与其丰富的创新协同平台资源有着密切关系，这2个城市充分利用创新协同平台资源，为人才培养、知识创新、技术革新提供良好的互动环境。南京市属于第二组，南京市通过依托大院大所布局重大创新平台、依托驻点对接拓展市外高校合作、依托高校资源共建高校"创新港"，在创新协同方面取得优秀成效，值得其他城市借鉴。苏州市、成都市和武汉市属于第三组，作为国内"第一大工业城市"，苏州市引进建设南京大学苏州校区，西北工业大学太仓校区，以丰富其高等教育资源，着力打造一流创新协同平台，促进城市创新协同互动的发展，同时颁布了《苏州工业园区外商投资股权投资企业试点办法》等支持政策，助推苏州市创新协同排名从2021年的第九位升至2022年的第四位。杭州市、天津市、广州市、深圳市、西安市和重庆市属于第四组，深圳市的入选值得关注。深圳市创新协同排名位次进步较大，这得益于深圳市开放的外商投资环境，使其创新国际合作指标得分较高，排名位列全国第一。长沙市、青岛市和济南市属于第五组。大连市、东莞市、厦门市、长春市和合肥市，长春市在高校技术转移收入方面、合肥市在产业集群数量方面值得其他城市学习和借鉴。

3. 从位差分析看，大多数城市的创新协同排名与 GDP 排名之间位差较小，但与人均 GDP 排名存在较大差异，在一定意义上说明城市创新协同与城市经济规模有一定关系，与人均 GDP 关系不够密切。其中以重庆市、成都市、西安市和长春市尤为显著。以重庆市和成都市为例，2020 年成渝地区双城经济圈高新区协同创新战略联盟成立，推进产业发展、资源要素、政策措施、对外开放、绿色发展等协同，推动两地高新区在更大范围、更高层次上开展经济、科技合作，促进高新区高质量发展，为成渝地区双城经济圈建设提供坚实支撑，这使得两个城市创新协同指标得分较高，创新协同排名与人均 GDP 排名存在较大差异。

4. 从维度分析看，创新协同与创新协同平台、创新协同互动和创新国际合作总体均衡度较高。北京市与上海市创新协同平台得分远高于 20 强其他城市，这主要与其创新协同平台资源优势有关，较为完善的创新协同平台建设为创新协同互动活动提供了载体。创新协同互动方面，北京市的得分遥遥领先，北京市致力于创新协同互动的发展，颁布了《北京市促进科技成果转化条例》等政策。创新国际合作方面，深圳市值得学习和借鉴，深圳市作为我国第一个经济特区、全国性经济中心城市和国际化城市，其开放的对外经济政策使其创新国际合作得分表现尤为突出，这使得深圳市不断提升"一带一路"国际合作能级。

第三章：创新环境前20强城市分析

创新环境主要用于反映城市创新主体生存和发展的外部条件，为创新主体活动提供便利资源和条件保障。具体指标含创新投资环境和创新生活环境。根据项目组测算，创新环境前20强城市（见表2-3-1）的区域、梯度、位差与维度分析结果如下：

表2-3-1 2022年创新环境前20强城市

城市	创新环境得分	创新环境排名	GDP 排名	人均GDP排名	所在省市
深圳市	0.6720	1	3	5	广东省
上海市	0.6660	2	1	7	上海市
北京市	0.6244	3	2	2	北京市
苏州市	0.6056	4	6	6	江苏省
成都市	0.5930	5	7	45	四川省
重庆市	0.5686	6	5	58	重庆市
广州市	0.5617	7	4	12	广东省
南京市	0.5267	8	10	4	江苏省
武汉市	0.5231	9	9	16	湖北省
青岛市	0.5185	10	13	19	山东省
杭州市	0.5128	11	8	10	浙江省
宁波市	0.5001	12	12	14	浙江省
东莞市	0.4997	13	24	41	广东省
珠海市	0.4992	14	72	9	广东省
西安市	0.4978	15	22	54	陕西省
天津市	0.4906	16	11	35	天津市
福州市	0.4903	17	22	21	福建省
济南市	0.4843	18	19	27	山东省
昆明市	0.4829	19	31	51	云南省
厦门市	0.4821	20	34	18	福建省

注：创新环境得分指其包含的二级指标标准化数据均权之和。

一、区域分析

创新环境前20强城市在部分省份呈现一定的聚集效应（见图2-3-1）。北京市、上海市、天津市和重庆市四个直辖市均进入了前20强，北京市、上海市和重庆市分列第二、第三和第六,天津市位列第十六,位次相对靠后。广东省入围城市数量位列第一,占4席,占比20%,其中含副省级城市两个:广州市、深圳市。江苏省、浙江省、山东省和福建省入围城市数量并列第二,各占两席,共占比20%,其中含副省级城市3个:福州市、厦门市、南京市。此外,四川省、湖北省、陕西省和云南省也各有一个城市入选。

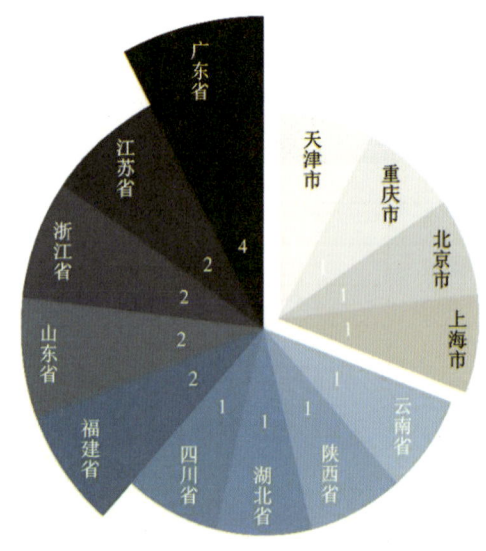

图2-3-1 创新环境前20强城市的省市分布图

创新环境前20强城市在长三角地区、珠三角地区以及环渤海地区呈现出一定的区域集聚效应(见图2-3-2)。前20强城市中长三角地区城市占5席,珠三角地区城市和环渤海城市占4席。这些地区的城市大都为沿海开放城市,经济发展水平较高,城市基础设施建设较为完善,城市公共服务水平较高,使得这些沿海地区城市创新生活环境表现优异。中西部地区有重庆市、武汉市、成都市、昆明市和西安市入围。而昆明市能入围,源于其得天独厚的自然环境。

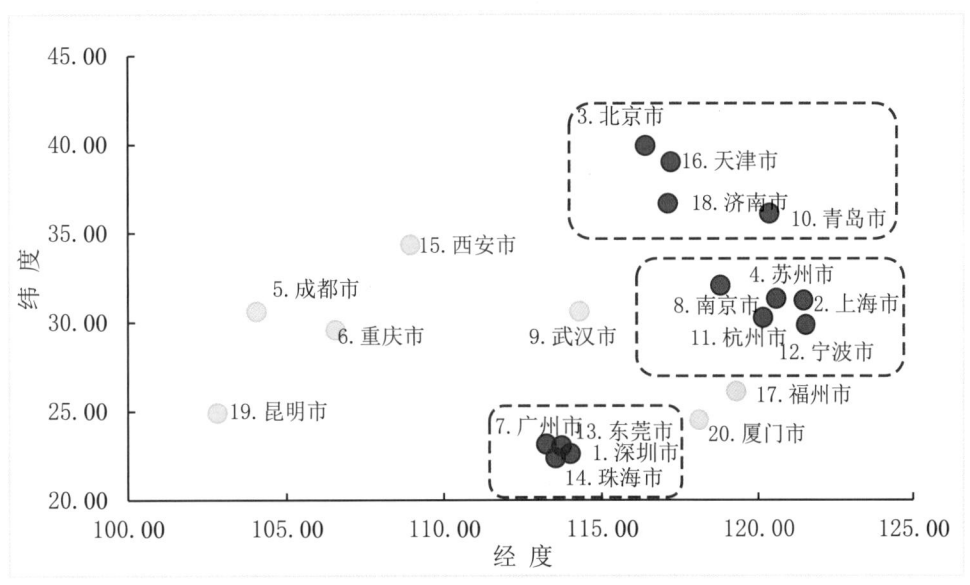

图 2-3-2 创新环境前 20 强城市的区域分布图

二、梯度分析

根据创新环境标准得分可见，前 20 强城市大致可分为 4 个组（见图 2-3-3）。就城市创新环境得分而言，除排名前 7 位的城市之间存在一定的差异，排名第八位到排名第二十位的城市之间差异并不显著。上海市和深圳市属于第一组，创新投资环境建设对于创新环境得分支撑作用显著。北京市、广州市、重庆市、成都市和苏州市属于第二组，同样受益于创新投资环境的支撑。南京市、武汉市、杭州市和青岛市 4 个城市属于第三组，第三组与第二组的得分差异相比于第二组与第一组的差异明显缩小。南京市在第三组表现突出，南京作为首批国家创新型城市，不断深入实施创新驱动发展战略，积极打造区域性创新高地和科技产业创新中心，不断提档升级营商环境政策。天津市、西安市、福州市、济南市、昆明市、厦门市、宁波市、东莞市和珠海市等 9 个城市属于第四组。第四组中的城市大多为沿海港口城市或口岸城市，其优越的区位优势对于创新投资环境的建设有较强的拉动作用。

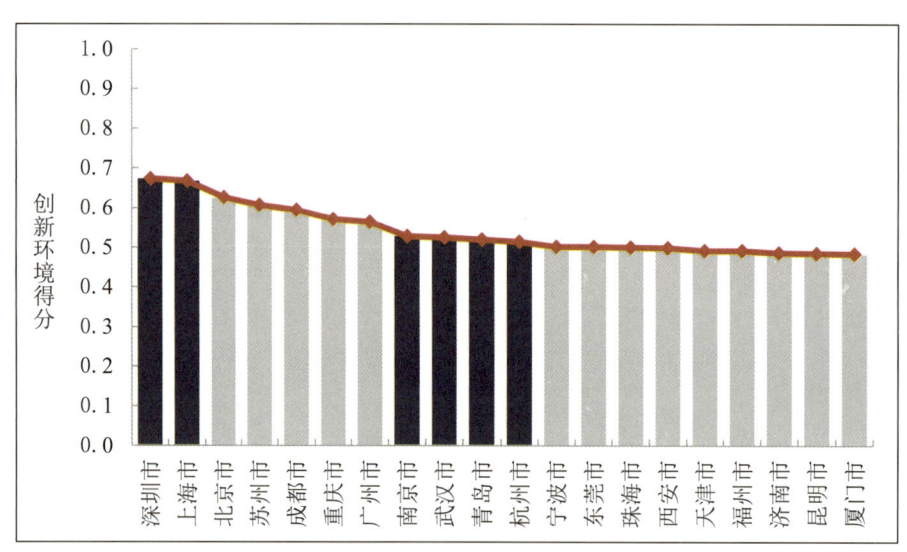

图 2-3-3 创新环境前 20 强城市梯度图

三、位差分析

城市创新环境与区域经济发展水平呈现一定的关联特征。创新环境前 20 强城市排名与 GDP 排名、人均 GDP 排名的位差比较结果显示，大部分城市创新投资环境排名与 GDP 排名基本保持一致，与人均 GDP 排名之间存在一定差异。城市创新环境排名与城市 GDP 排名位差在 5 以内的城市有 15 个，占比 75%，城市创新环境排名与城市人均 GDP 排名位差小于 5 的城市有 9 个，占比 45%。20 个城市的创新环境排名与 GDP 排名及人均 GDP 排名（见图 2-3-4）。

创新环境与 GDP 排名位差较小，北京市、上海市、重庆市、武汉市、济南市和宁波市 6 个城市的创新环境排名与 GDP 排名基本一致，深圳市、成都市、南京市和苏州市 4 个城市的创新环境排名与 GDP 排名存在两个位差，广州市、杭州市和青岛市 3 个城市的创新环境排名与城市 GDP 排名差异存在 3 个位差。可见，这些城市的创新环境与区域经济发展水平呈现出较好的均衡性。创新环境排名与人均 GDP 排名在 3 个位差之内的城市有北京市、杭州市、厦门市、苏州市和宁波市。部分的城市创新环境排名与人均 GDP 排名存在较大的差异，其中天津市、重庆市、西安市、成都市、昆明市和东莞市尤为明显。

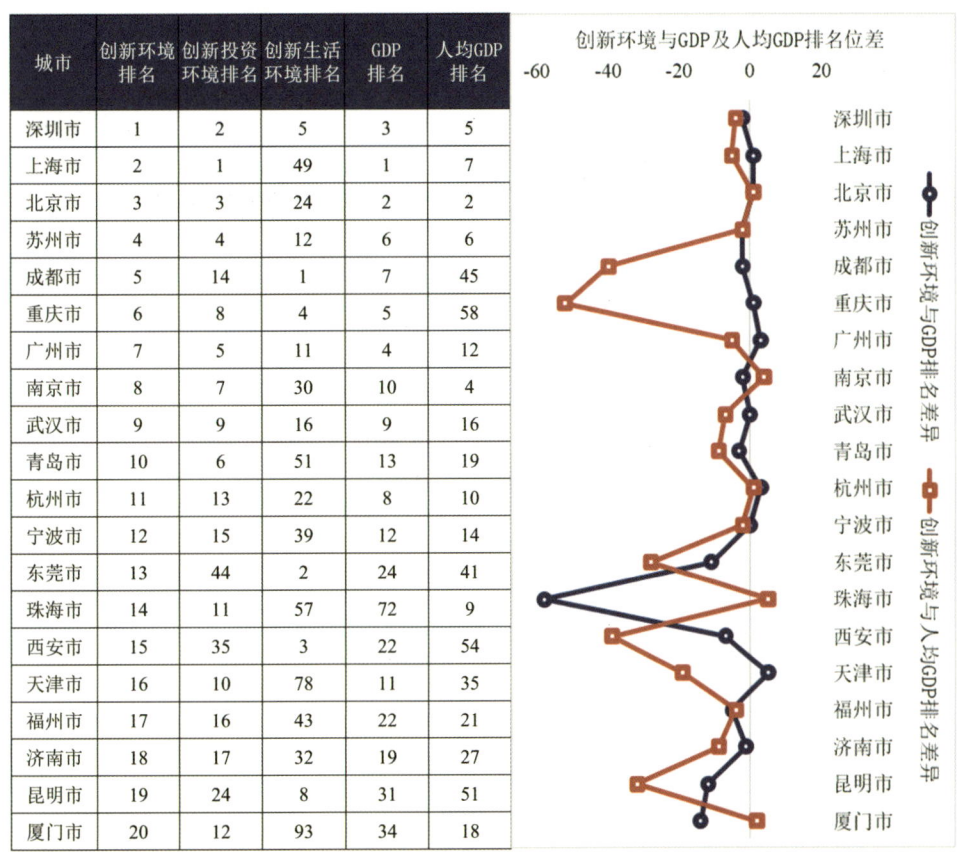

图 2-3-4 创新环境前 20 强排名与 GDP 排名及人均 GDP 排名的位差

四、维度分析

针对上述城市的创新环境差异情况，可进一步分析其在不同维度上的比较优势。图 2-3-5 和图 2-3-6 分别展示了前 20 强城市在城市创新投资环境、创新生活环境 2 个维度上的分项得分与总体得分的差异。

在创新投资环境维度中，北京市、上海市、深圳市和苏州市位列前 4（见图 2-3-5）。这 4 个城市中，北京市、上海市、深圳市属于一线城市，创新创业基础较好氛围浓。苏州市作为唯一地级市位列第四，其创新环境的持续优化值得研究和学习，如苏州工业园区与新加坡的深度合作，不断优化创新投资环境，对外资和台资均有很大的吸引力。

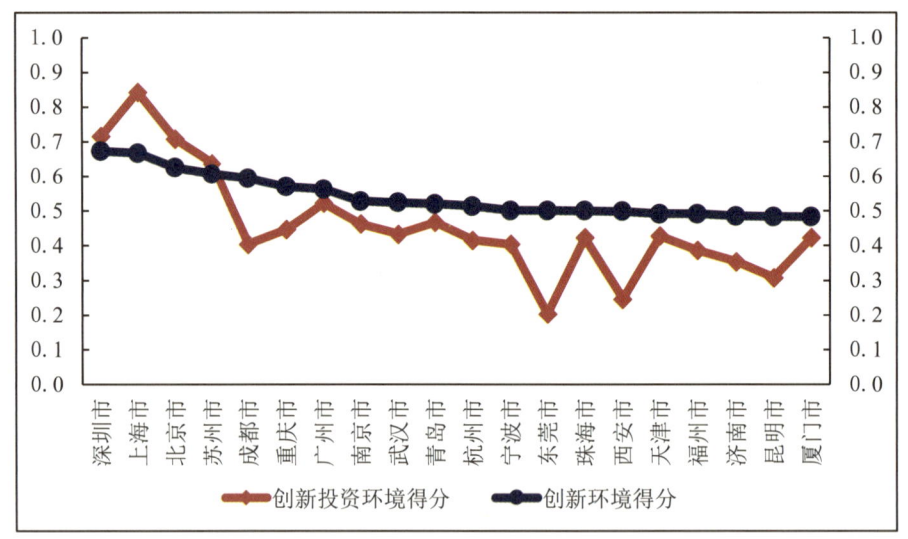

图 2-3-5 创新投资环境维度得分与创新环境得分对比图

在创新生活环境维度中，深圳市、成都市、西安市和东莞市得分较高。这些城市在创新生活环境建设方面各有优势。成都市作为国家中心城市，定位为西部地区重要的经济中心、科技中心、文创中心、对外交往中心和综合交通枢纽，目前拥有高等院校64所，国家级研发机构30多家，国家级科研平台126个，拥有一批具有国际先进水平的平台和科研团队，具有明显创新资源富集优势。深圳市创新生活环境得分较高，得益于其在每万人拥有公共汽车数、图书数以及医院床位数等维度上排名领先。东莞市作为目前国内公园最多、绿化率最高的城市之一，先后荣获"全国绿化模范城市""国际花园城市""国家园林城市""国家森林城市"等多项荣誉称号，其在创新生活环境建设举措值得相关城市借鉴学习。西安市在博物馆数量等维度上排名领先，作为我国国家历史文化名城，西安拥有深厚的文化底蕴，出台了《西安博物馆之城建设总体方案》，通过打造"博物馆之城"，大力发展西安风格的城市文化，提升城市文化软实力，从而增强城市竞争力、扩大城市影响力。

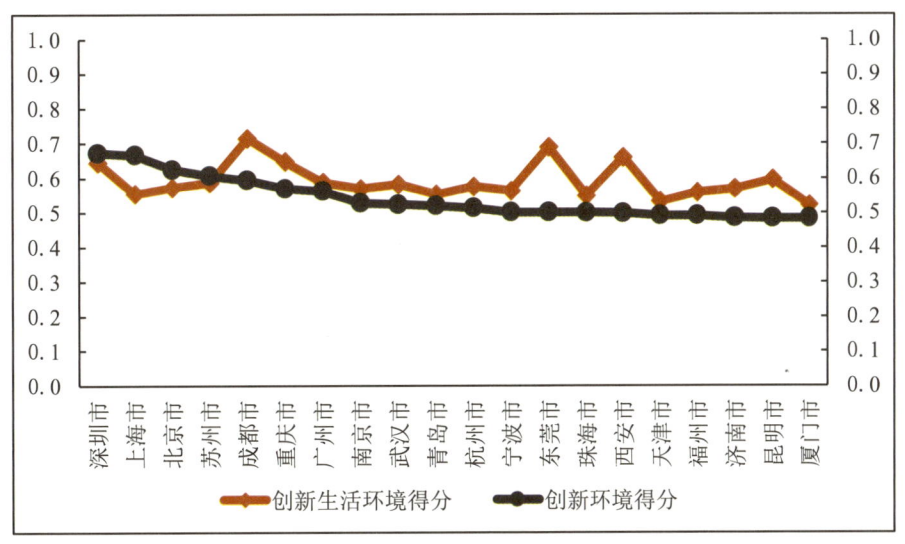

图 2-3-6 创新生活环境维度得分与创新环境得分对比图

五、主要发现

通过对创新环境前20强城市在区域、梯度、位差、维度四个角度的分析,得到主要发现如下:

1. 从区域分布看,创新环境前20强城市呈现出一定的区域聚集性。主要集聚在广东省、山东省、江苏省和福建省等经济发达的沿海省份。中西部地区有重庆市、武汉市、西安市、成都市入围。一方面这些城市经济发展水平较高,城市基础设施建设较完善,创建了良好的创新生活环境,另一方面这些城市所在的地区也往往较早加强创新投资环境建设。例如早在2012年广东省专门发布《广东省改善创新环境五年行动计划》。山东省通过出台了一揽子建设创新环境新政策,从平台载体、融资贷款、政府服务、市场环境等方面全力推进创新投资环境建设。重庆市和成都市位于成渝城市群,武汉市位于长江中游城市群、西安市位于关中平原城市群,国务院先后批复的《长江中游城市群发展规划》《成渝城市群发展规划》和《关中平原城市群发展规划》,为这些地区的城市创新环境发展提供重要的政策支持。

2. 从梯度分析看,创新环境前20强城市可以分为4个组,除排名前

7位的城市之间存在较大的差异外，其他城市之间差异并不显著。深圳市创新环境得分排名第一，位列第一组。深圳市在粤港澳大湾区和中国特色社会主义先行示范区"双轮驱动"的发展背景下，不断优化创新环境，深圳市提出实施科技创新发展"七大工程"，全面优化创新生态，通过构建全过程创新生态链，促进创新链、产业链、资金链等相互支撑，打造国际一流的创新环境。同时深圳市作为全国首批开展营商环境创新试点城市，先后出台一系列营商环境优化政策措施等，持续优化营商环境，目前深圳市商事主体和创业密度保持全国第一，PCT国际专利申请量稳居全国首位。上海市创新环境得分仅次于深圳市，得分排名第二，上海市国际金融中心的地位、成熟的产业配套和对外开放的政策，以及充足的高层次人才供给，为上海市持续提升优化创新环境奠定基础。以VC/PE为例，2021年上海市产生VC/PE投资交易数量1564起，在全国VC/PE市场表现最为活跃。北京市、重庆市、广州市、成都市和苏州市创新环境得分位列第二组。北京市根据国务院发布《北京加强全国科技创新中心建设总体方案的通知》要求，按照"三步走"方针，确立北京全国科技创新中心地位并加速建设，同时，北京市发布了《全面提升生态文明水平推进国际一流和谐宜居之都建设的实施意见》，以实施创新驱动战略为动力，以健全生态文明制度体系为支撑，着力解决"大城市病"，建设和谐宜居城，提高创新生活环境满意度。重庆市出台《重庆市科技创新促进条例》，通过集聚创新资源，进而激发创造活力。苏州市创新环境排名第四，苏州市创新环境排名较高得益于苏州市良好的创新投资环境和生活环境，苏州市创新投资环境和创新生活环境两者均衡发展，分别位列第四和第十二位。2021年苏州市打造"营商环境4.0版"，聚焦31个方面具体举措，深入推进市场化、法治化、国际化营商环境建设，同时以"百企话营商"为牵引，将全市各地、各相关部门正在开展的与营商环境相关工作统筹纳入"苏州营商环境"整体框架。根据全国工商联发布的《2021年万家民营企业评营商环境报告》，苏州市营商环境在全国排名第三位。另外苏州专门出台了《关于打造"苏州最舒心"外国人才创新创业环境的若干举措》，积极引进外国高端人才，目前苏州外国人才总数居全国大中城市第五位。

3. 从位差分析看，大多数城市的创新环境排名与GDP排名之间具有较强的相关性，但与人均GDP排名存在较大的差异，其中又以重庆市、天津市、成都市、西安市、昆明市、东莞市和珠海市尤为明显。重庆市以人才、平台、产业、环境、品质5个方面为抓手，高水平建设西部（重庆）科学城，营造良好的创新环境，建设具有全国影响力的科技创新中心。天津市通过实施"天津八条"、民营经济"19条"和"海河英才"行动计划，着力破解制约发展的瓶颈问题，打造良好的创新环境。成都市出台了《成都市全面深化国际化营商环境建设实施方案》，坚持问题导向，全面推进营商环境建设。昆明市围绕面向南亚东南亚辐射中心的定位，先后发布了《加快国家创新型城市和面向南亚东南亚科技创新中心建设若干政策》和《加速昆明区域性国际科技创新中心建设若干措施》，进一步为昆明市创新环境提升提供支撑。在创新生活环境方面，东莞市是目前国内公园最多、绿化率最高的城市之一，在优化创新投资环境方面，《东莞开放型经济发展"十四五"规划》，通过创新外资引进方式，营造良好的创新投资环境。2016年，国务院批复《西安市系统推进全面创新改革试验方案》，授权西安在军民融合和统筹科技资源改革17个方面进行先行先试。同时西安市围绕打造丝路科创中心任务目标，出台《"创业西安"行动计划》《西安市支持创业的十条措施》和《西安市推进"5552"众创载体建设实施方案》等政策，不断提升创新活力，持续优化创新环境。珠海市在2014年就发布了建设创新型城市行动计划，2018年发布《关于科技创新促进高质量发展三年行动计划》，通过实施高质量发展载体建设、科技型企业培育、企业创新能力提升等10项重点行动计划，营造有利于科技创新的良好环境。

4. 从维度分析看，深圳市、苏州市等大部分城市在创新投资环境、创新生活环境两个维度表现均衡；成都市、西安市和东莞市在创新生活环境维度表现明显优于创新投资环境维度；上海市在创新投资环境维度表现明显优于创新生活环境维度。上海市作为一线城市，具有良好的创新创业基础，同时作为首批国家营商环境创新试点城市之一，不断拓展深化建设国际一流营商环境，出台《上海市营商环境创新试点实施方案》，提出172项举措以营造良好人才创新生态环境和投资环境，支持企业创新发展。深圳市在持续推进创新投资环境建设的同时，通过对城市宜居环境建设进行顶层设计，不断加大基础设施、公共服务设施和生态文明建设力度，提高城市服务和管理现代化水平，不断促进城市创新生活环境建设。苏州市作为长三角重要中心城市，将推进具有国际竞争力和全球影响力的创新集群建设，全面塑造苏州产业创新集群发展的空间格局和生态格局，通过出台《苏州市优化营商环境条例》，营造亲商安商的社会氛围，持续建设与创新型城市相适应的创新环境。

 第三部分

第一章： 创新主体规模前20强城市分析

第二章： 创新主体投入前20强城市分析

第三章： 创新主体产出前20强城市分析

第四章： 创新协同平台前20强城市分析

第五章： 创新协同互动前20强城市分析

第六章： 创新国际合作前20强城市分析

第七章： 创新投资环境前20强城市分析

第八章： 创新生活环境前20强城市分析

第一章：创新主体规模前20强城市分析

创新主体规模主要是用于反映创新活动行为主体的构成特征，是实现城市创新的重要基础。具体指标含小微企业数量、高新技术企业数量、上市公司数量、拥有博士硕士学位授予单位数量。根据课题组测算，创新主体规模前20强城市（见表3-1-1）的区域、梯度、位差与维度分析结果如下：

表3-1-1 2022年创新主体规模前20强城市

城市	创新主体规模得分	创新主体规模排名	GDP排名	人均GDP排名	所在省市
北京市	0.9260	1	2	2	北京市
广州市	0.5355	2	4	12	广东省
上海市	0.5263	3	1	7	上海市
深圳市	0.5207	4	3	5	广东省
杭州市	0.2830	5	8	10	浙江省
苏州市	0.2579	6	6	6	江苏省
成都市	0.2226	7	7	45	四川省
南京市	0.2165	8	10	4	江苏省
佛山市	0.2069	9	17	24	广东省
西安市	0.2009	10	22	54	陕西省
武汉市	0.1898	11	9	16	湖北省
天津市	0.1843	12	11	35	天津市
青岛市	0.1815	13	13	19	山东省
重庆市	0.1640	14	5	58	重庆市
东莞市	0.1398	15	24	41	广东省
宁波市	0.1270	16	12	14	浙江省
济南市	0.1204	17	19	27	山东省
郑州市	0.1203	18	16	36	河南省
无锡市	0.1175	19	14	1	江苏省
常州市	0.1111	20	26	8	江苏省

注：创新主体规模得分指其包括的三级指标标准化数据均权之和。

一、区域分析

创新主体规模前20强城市呈现较为明显的区域聚集效应（见图3-1-1）。

城市创新主体规模前 20 位的城市中,广东省、江苏省、浙江省和山东省入围的城市较多,共占 12 席。广东省和江苏省均入围城市最多,各占 4 席,均占比 20%,其中广东省含副省级城市两个:广州市、深圳市;江苏省含副省级城市 1 个:南京市;浙江省和山东省均有两个城市上榜,各占比 10%,其中浙江省均为副省级城市:杭州市、宁波市,山东省均为副省级城市:青岛市、济南市;四川省、陕西省、湖北省和河南省各有 1 个城市入选。4 个直辖市北京市、上海市、天津市、重庆市全部进入了前 20 强。

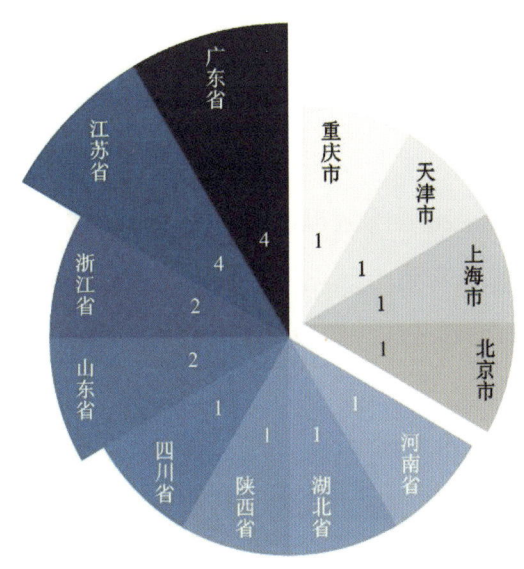

图 3-1-1 创新主体规模前 20 强城市的省市分布图

创新主体规模前 20 强城市中有 9 个分布在华东地区,其中 7 个分布在长三角地区,4 个分布在珠三角地区,两个分布在京津冀地区,其余分布在中西部地区(见图 3-1-2)。

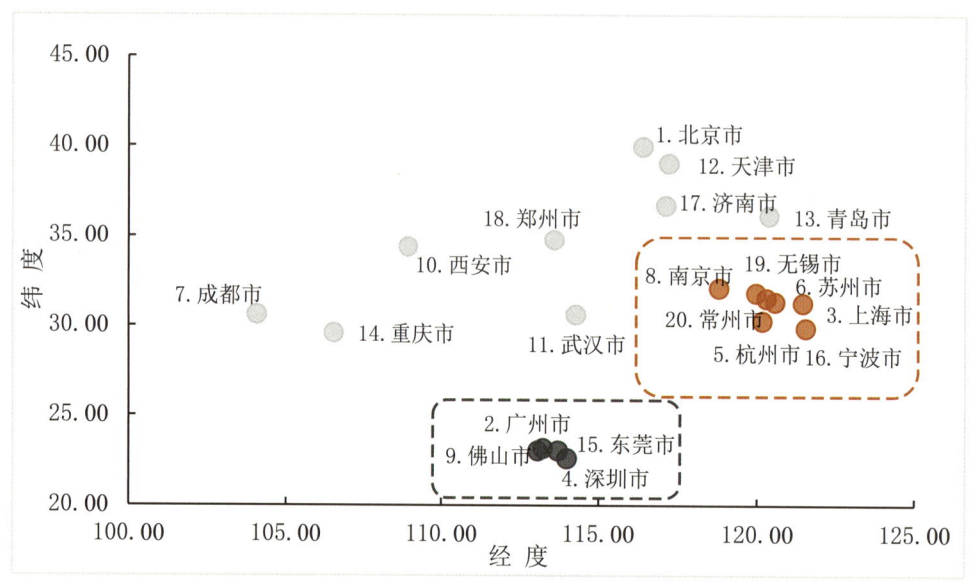

图 3-1-2 创新主体规模前 20 强城市的区域分布图

长三角地区入围前 20 强的城市包括：上海市、杭州市、苏州市、南京市、宁波市、无锡市和常州市（见图 3-1-2）。上海市是长三角地区的核心，南京市和杭州市分别是江苏省和浙江省的省会城市，此外，苏州市、宁波市、无锡市和常州市入榜，这些城市人均 GDP 均位列全国前 15 位。

珠三角地区入围前 20 强的城市包含：广州市、深圳市、佛山市和东莞市（见图 3-1-2）。两个副省级城市广州市、深圳市的入榜与其城市经济实力相符；佛山市和东莞市的 GDP 排名跻身国内前 25 位，分别为第十七名和第二十四名，其创新主体规模排名更是跻身前 20 强，分别为第九名和第十五名，凸显政府对创新主体建设的重视程度。

二、梯度分析

根据创新主体规模指标得分可见，前 20 强城市可大致分为五个组（见图 3-1-3）。北京市属于第一组。广州市、上海市和深圳市属于第二组。第一组与第二组得分相差较大。杭州市、苏州市 2 个城市属于第三组，第三组与第二组的得分差异相比于第二组与第一组的差异而言略小。成都市、南京市、佛山市、西安市、武汉市、天津市、青岛市、重庆市8个城市属于第四组。东莞市、宁波市、济南市、郑州市、无锡市和常州市6个城市属于第五组，第四组、第五组总体水平比第三组略低，但相差不大。北京市、广州市、上海市、深圳市大幅领先其他城市，与其城市GDP水平居全国前列是一致的，其城市创新主体建设的政策措施值得借鉴。

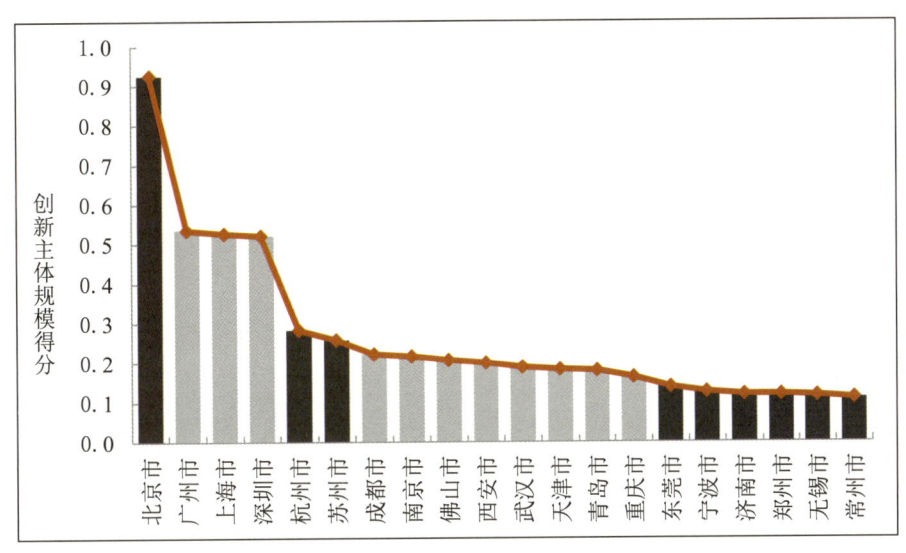

图3-1-3 创新主体规模前20强城市梯度图

三、位差分析

城市创新主体规模与经济发展水平具有较强的一致性。聚集现象最为明显的长三角和珠三角地区是我国典型的经济发达地区，创新主体规模得分也相对较高。部分城市的创新主体规模水平超越其经济总量水平，如珠三角地区的广州市、佛山市和东莞市。创新主体规模前20强城市排名与GDP排名、人均GDP排名的位差比较结果显示：大部分城市的创新主体规模排名与GDP排名、人均GDP排名差异较小（见图3-1-4）。

苏州市、成都市和青岛市的创新主体规模排名与GDP排名完全一致，城市均衡度非常高。北京市、广州市、上海市、深圳市、杭州市、南京市、武汉市、天津市、宁波市、济南市和郑州市均衡度较高，排名仅相差在5个位差以内。其中，上海市、深圳市、武汉市、天津市、宁波市和郑州市的GDP排名高于其创新主体规模排名，其余城市的GDP排名则低于其创新主体规模排名。这些城市经济发展水平较高，经济规模总量较大，上海市小微企业数量排名第一，北京市高新技术企业数量、上市公司数量和拥有博士硕士学位授予单位数量均排名第一，较高的经济发展水平为创新主体规模发展奠定基础。

重庆市的均衡度较差，创新主体规模排名第十四位，而 GDP 排名位列第五位。重庆市创新主体规模水平与经济发展水平存在一定差距，主要是因为高新技术企业数量和上市公司数量不多，在这两个指标上得分较低。佛山市、西安市、东莞市和常州市的创新主体规模水平明显领先于其经济发展水平，其中，西安市创新主体规模排名第十位，与 GDP 排名有 12 个位差，与人均 GDP 排名有 44 个位差。西安市作为陕西省的省会城市，是我国西部地区重要的中心城市，也是国家重要的科研、教育和工业基地，拥有许多博士硕士学位授予单位，为创新主体规模发展提供了沃土。

广州市、杭州市、西安市、佛山市、东莞市和济南市等城市创新主体规模排名高于其 GDP、人均 GDP 的全国排名，特别是佛山市、西安市和东莞市的创新主体规模排名明显高于其 GDP、人均 GDP 的全国排名，值得重点关注。

城市	创新主体规模排名	小微企业数量排名	高新技术企业数量排名	上市公司数量排名	拥有博士硕士学位授予单位数量排名	GDP排名	人均GDP排名
北京市	1	4	1	1	1	2	2
广州市	2	3	5	2	9	4	12
上海市	3	1	3	8	2	1	7
深圳市	4	2	2	3	42	3	5
杭州市	5	9	6	5	11	8	10
苏州市	6	7	4	6	42	6	6
成都市	7	5	10	31	8	7	45
南京市	8	14	9	10	6	10	4
佛山市	9	20	12	4	57	17	24
西安市	10	10	13	50	3	22	54
武汉市	11	15	8	39	4	9	16
天津市	12	11	7	44	5	11	35
青岛市	13	8	14	9	23	13	19
重庆市	14	6	16	46	13	5	58
东莞市	15	12	11	25	57	24	41
宁波市	16	18	21	12	42	12	14
济南市	17	16	19	37	14	19	27
郑州市	18	13	20	51	16	16	36
无锡市	19	21	17	15	36	14	1
常州市	20	41	26	7	42	26	8

图 3-1-4 创新主体规模前 20 强排名与 GDP 排名及人均 GDP 排名的位差

四、维度分析

我国京津冀地区、长三角地区、珠三角地区以及中西部地区中的许多城市位列创新主体规模前20强。较高的经济发展水平为这些地区创新主体规模发展提供了良好的基础。

针对上述城市的创新主体规模差异情况，可以进一步分析上述城市创新主体规模水平在不同维度上的比较优势。图3-1-5至图3-1-8分别展示了前20强城市在小微企业数量、高新技术企业数量、上市公司数量和拥有博士硕士学位授予单位数量4个维度上的分项得分与总体得分的差异。

在小微企业数量得分中，北京市、上海市、广州市、深圳市和成都市跻身前5强（见图3-1-5）。小微企业数量最多的城市为上海市，北京市、广州市和深圳市的小微企业数量相差不大，但与上海市相差较大。这些城市良好的营商环境为小微企业营造了宽松的发展环境和浓厚的创新创业氛围。

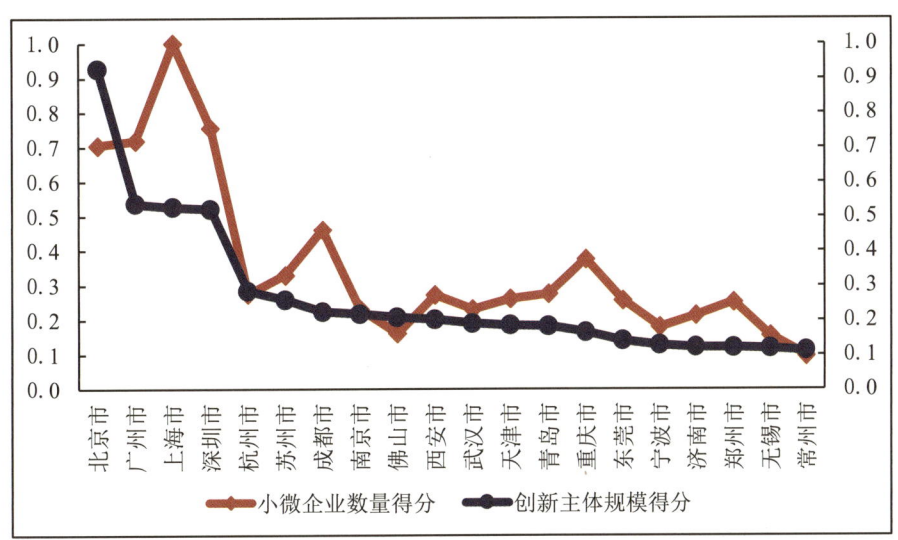

图3-1-5 小微企业数量得分与创新主体规模得分对比图

在高新技术企业数量得分中，北京市、上海市和深圳市位列前3（见图3-1-6）。北京市排名位列第一，深圳市位列第二与北京市差距较大，位列第三的上海市与深圳市在高新技术企业数量上较为接近。这3个城市一直是中国最重要的创新型城市，针对科技创新制定了多项政策措施，吸引并培育了众多高新技术企业。

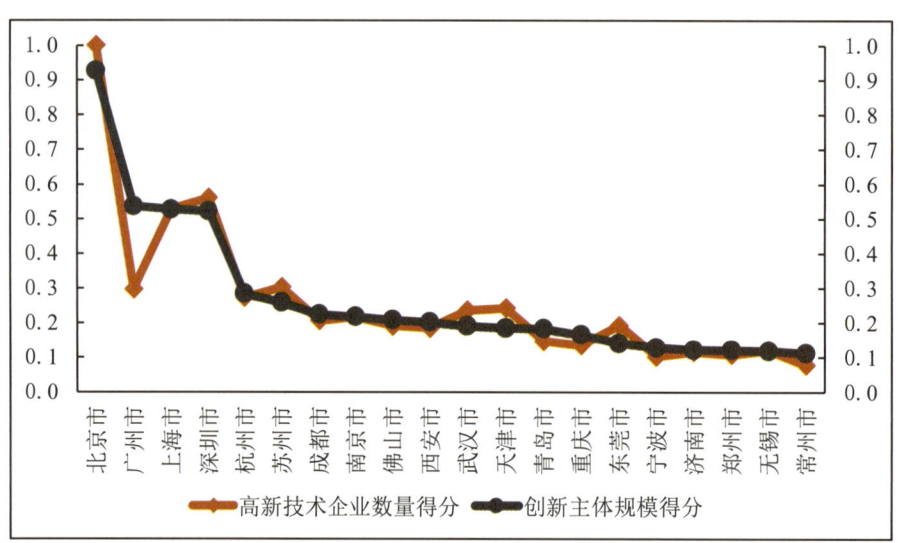

图 3-1-6 高新技术企业数量得分与创新主体规模得分对比图

在上市公司数量得分中,北京市、广州市、深圳市、佛山市和杭州市位列前 5(见图 3-1-7)。京津冀、长三角、珠三角地区作为我国三大城市群,区域经济发展均衡,市场化、资本化程度走在全国前列。佛山市在 2019 年成立了企业上市促进会,通过搭建协作沟通平台,加强了政企互动和企业互助,促进了企业利用多层次资本市场做大做强。

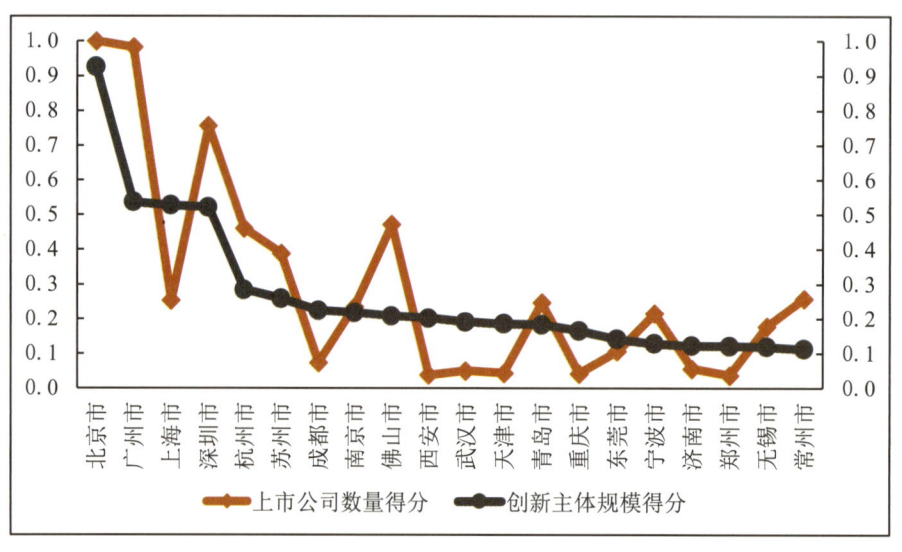

图 3-1-7 上市公司数量得分与创新主体规模得分对比图

在拥有博士硕士学位授予单位数量得分中，北京市、上海市、西安市、武汉市和天津市位列前5（见图3-1-8）。这些城市高等教育实力雄厚，学科优势明显，有力促进了城市的创新发展。

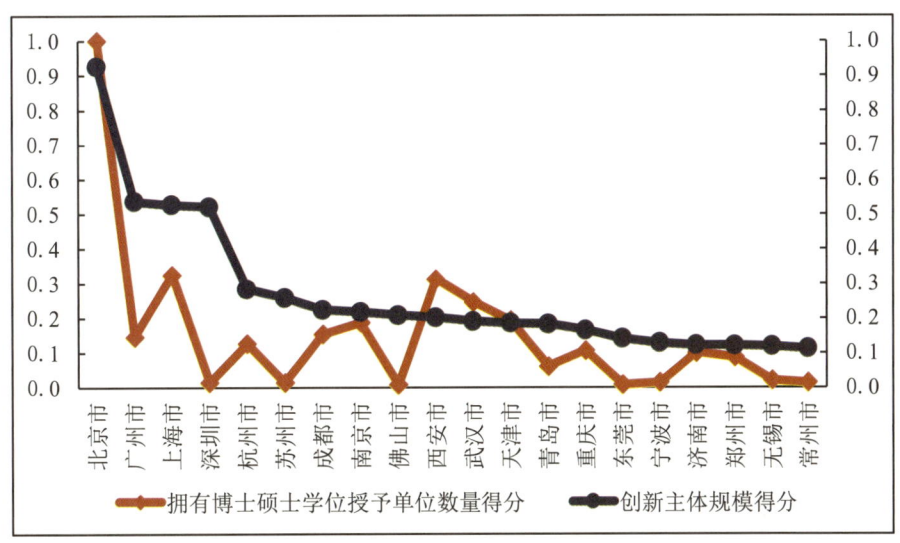

图3-1-8 拥有博士硕士学位授予单位数量得分与创新主体规模得分对比图

五、主要发现

通过对创新主体规模前20强城市在区域、梯度、位差、维度四个角度的分析，可以发现：

1. 从区域分布看，创新主体规模前20强的城市在长三角地区、珠三角地区呈现出明显的聚集效应，前20强城市中有7个分布在长三角地区，4个分布在珠三角地区，其他城市分布较为分散。广东省、江苏省、浙江省和山东省入围城市较多，广东省有4个城市入围，分别是广州市、深圳市、东莞市和佛山市。江苏省有4个城市入围，分别是南京市、苏州市、无锡市和常州市。浙江省有两个城市入围，分别是杭州市和宁波市。山东省有两个城市入围，分别是青岛市和济南市。四川省、陕西省、湖北省和河南省各有1个城市入选，分别是成都市、西安市、武汉市和郑州市。

2. 从梯度分布看，创新主体规模前 20 强城市可以分为五个组，第一组、第二组和第三组之间的差距较大，组内城市差距不大，第四组和第五组城市之间差距并不明显。北京市属于第一组，北京市拥有优质的高教资源和创新资源，高新技术企业数量、上市公司数量及拥有博士硕士学位授予单位数量均位居全国第一名。深圳市位列第二梯队中，深圳市是我国重要的创新型城市，在创新政策上具有明显优势，其创新企业数量众多，其中小微企业数量、高新技术企业数量和上市公司数量均位列全国前三。杭州市作为第三组的第一位，主要原因在于其上市公司数量位列全国第五和高新技术企业数量位列全国第六。第五组中，常州市的上市公司数量全国排名位列第七。

3. 从位差分析看，大多数创新主体规模排名与 GDP 排名具有较强的均衡性。成都市、西安市、天津市、重庆市和东莞市的创新主体规模排名与人均 GDP 排名存在较大的差距，位差均大于 22。西安市的小微企业数量、高新技术企业数量和拥有博士硕士授予单位数量排名皆位列前十五，上市公司数量排名位列全国第五十，人均 GDP 排名位列全国五十四，其创新主体规模排名与人均 GDP 排名的位差达 44。重庆市的小微企业数量排名位列第六，高新技术企业数量和拥有博士硕士授予单位数量排名皆为前 20，上市公司数量排名为第四十六，人均 GDP 排名位列全国五十八，其创新主体规模排名与人均 GDP 排名的位差达 44。

4. 从维度分析看，创新主体规模与高新技术企业数量总体均衡度较高。创新主体规模与小微企业数量均衡度相差明显的城市为佛山市和常州市，均大于 11 个位差，这两个城市需要进一步为小微企业创造良好的创新创业氛围。创新主体规模与上市公司数量均衡度相差较大的城市有西安市、天津市、重庆市和郑州市，均大于 30 个位差，表明这些城市在上市公司数量培育上有较大的提升空间。创新主体规模与拥有博士硕士学位授予单位数量均衡度较高的城市有北京市、上海市、成都市、南京市、济南市和郑州市，这些城市雄厚的高等教育实力，有力促进了城市主体创新规模的发展。

第二章：创新主体投入前20强城市分析

创新主体投入主要是用于反映城市创新发展过程中各个主体的资源投入情况，是评价城市创新资源利用表现的重要基础，具体指标含有人员与经费投入，具体指标含R&D人员、知识密集型产业从业人员、受高等教育人口比例、R&D内部经费支出、科学技术支出占地方一般公共预算支出比例和研发投入强度。根据课题组测算，创新主体投入前20强城市（见表3-2-1）的区域、梯度、位差与维度分析结果如下：

表3-2-1 2022年创新主体投入前20强城市

城市	创新主体投入得分	创新主体投入排名	GDP排名	人均GDP排名	所在省市
北京市	0.9019	1	2	2	北京市
深圳市	0.6551	2	3	5	广东省
上海市	0.6024	3	1	7	上海市
广州市	0.4580	4	4	12	广东省
苏州市	0.4427	5	6	6	江苏省
合肥市	0.4333	6	20	29	安徽省
南京市	0.4122	7	10	4	江苏省
杭州市	0.4078	8	8	10	浙江省
西安市	0.3721	9	22	54	陕西省
天津市	0.3426	10	11	35	天津市
武汉市	0.3351	11	9	16	湖北省
成都市	0.3274	12	7	45	四川省
芜湖市	0.3141	13	62	32	安徽省
佛山市	0.3140	14	17	24	广东省
珠海市	0.3045	15	72	9	广东省
长沙市	0.3038	16	15	20	湖南省
宁波市	0.2966	17	12	14	浙江省
郑州市	0.2941	18	16	36	河南省
重庆市	0.2865	19	5	58	重庆市
无锡市	0.2845	20	14	1	江苏省

注：创新主体投入得分指其包含的三级指标标准化数据均权之和。

一、区域分析

创新主体投入前20强城市呈现明显的区域聚集效应（见图3-2-1）。城市创新投入排名前20强的城市中，北京市、上海市、重庆市和天津市4个直辖市均进入了前20强。广东省、江苏省、安徽省和浙江省入榜城市较多。广东省入榜城市最多，共有4个，占比20%；其中含副省级城市两个：广州市和深圳市。江苏省3个城市在列，占比15%，含副省级城市南京市。浙江省两个城市在列，占比10%，含副省级城市两个：杭州市和宁波市。安徽省两个城市在列，占比10%。陕西省、湖北省、四川省、湖南省、河南省各有1个城市入选。

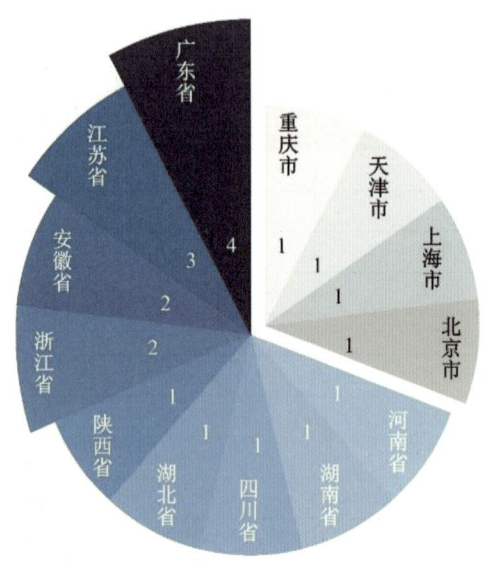

图3-2-1 创新主体投入前20强城市的省市分布图

创新主体投入前20强城市中有8个分布在长三角地区，4个分布在珠三角地区，两个分布在京津冀地区，6个分布在中西部地区（见图3-2-2）。

珠三角地区入围的前20强城市包含：深圳市、广州市、佛山市和珠海市。其中两个副省级城市广州市和深圳市的入榜与其城市创新能力相符。

长三角地区入围前20强城市包含：上海市、苏州市、合肥市、南京市、杭州市、芜湖市、宁波市和无锡市。除上海市及南京市、合肥市、杭州市3个省会城市外，苏州市、芜湖市、宁波市和无锡市的入榜值得关注。

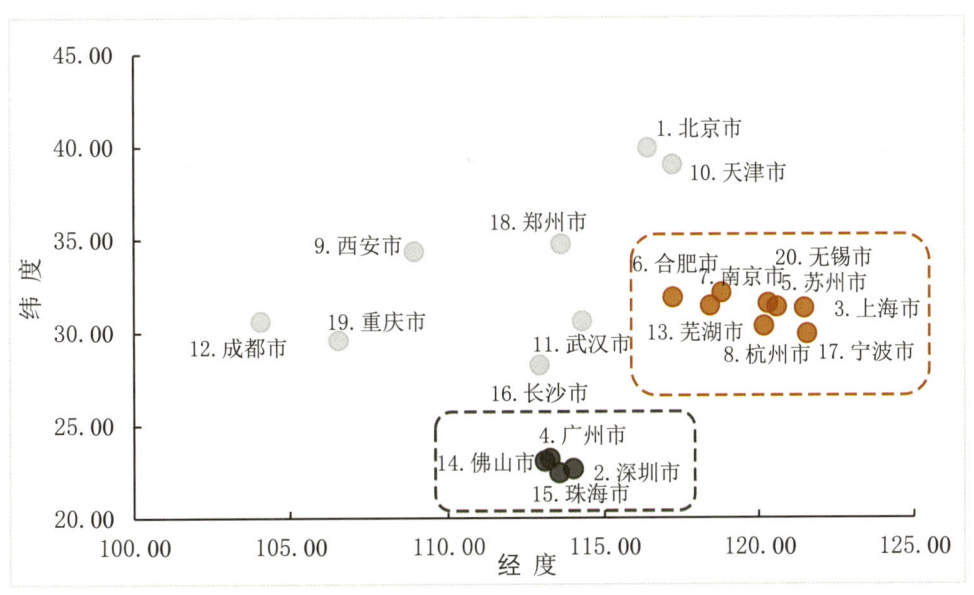

图 3-2-2 创新主体投入前20强城市区域分布图

二、梯度分析

根据创新主体投入指标得分，前20强城市可大致分为五个组（见图3-2-3）。其中，北京市属于第一组，得分最高，且与第二组相比优势明显。深圳市和上海市属于第二组。北京市、深圳市和上海市创新主体投入得分较高与其政治、金融和经济实力有着不可分割的关系。北京市除科学技术支出占地方一般公共预算支出比例指标外，其他五项指标R&D人员、知识密集型产业从业人员、受高等教育人口比例、R&D内部经费支出和研发投入强度均位列第一。深圳市和上海市具有不同的优势，深圳市在R&D人员和研发投入强度上表现优异，上海市的优越表现主要体现在知识密集型产业从业人员、受高等教育人口比例以及R&D内部经费支出这3个指标上。

广州市、苏州市、合肥市、南京市和杭州市共5个城市属于第三组。这些城市在创新投入维度上体现出不同的特点，广州市除受高等教育人口比例以及研发投入强度较低，排名在前10以外，其余指标表现优异。苏州市在知识密集型产业从业人员以及受高等教育人口比例上排名较低，其余指标均属于前5强。合肥市的科学技术支出占地方一般公共预算支出比例指标位列第一。南京市的受高等教育人口比例位列第二，而杭州市在各个指标上的表现较为均衡。西安市、天津市、武汉市和成都市共4个城市属于第四组。芜湖市、佛山市、珠海市、长沙市、宁波市、郑州市、重庆市和无锡市共8个城市属于第五组。重庆市虽然经济体量较大，GDP排名第五，但在创新投入上的优势并不明显，受高等教育人口比例以及科学技术支出占地方一般公共预算支出比例指标上排名相对较低。

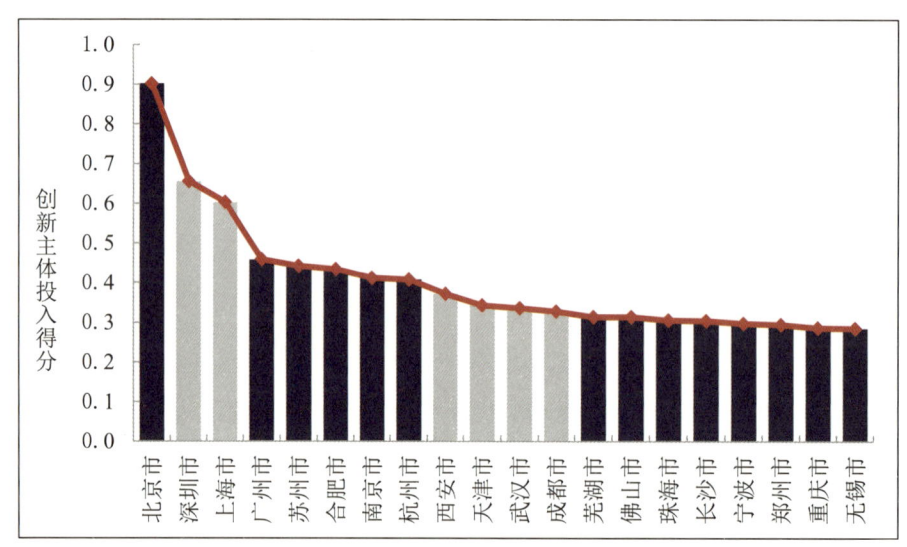

图3-2-3 创新主体投入前20强城市梯度图

三、位差分析

城市创新主体投入与区域经济发展水平具有很强的一致性。聚集现象最为明显的长三角和珠三角地区是我国经济发达地区，创新投入也相对较大。部分城市的创新主体投入水平超越其经济总量水平，如珠海市、芜湖市、西安市和合肥市。创新主体投入前20强城市排名与GDP排名、人均GDP排名的位差比较结果显示：大部分城市的创新主体投入排名和GDP排名或者和人均GDP排名差别不大，但也存在一部分城市创新主体投入水平与其经济总量水平有明显差距（见图3-2-4）。

创新主体投入排名与区域经济发展水平有很强的一致性。北京市、深圳市、苏州市、天津市、广州市、杭州市和长沙市的创新主体投入与GDP排名位差范围都在1名以内，一致性显著。南京市、佛山市、上海市、武汉市和郑州市的两者排名相差在3个位差以内。其中南京市和佛山市的GDP排名高于创新主体投入排名，上海市、武汉市和郑州市的GDP排名低于创新主体投入排名。

创新主体投入排名与GDP排名存在较大差异的城市，说明创新主体投入情况与城市经济发展水平存在差距。重庆市和无锡市的创新主体投入排名与

城市	创新主体投入排名	R&D人员排名	知识密集型产业从业人员数量排名	受高等教育人口比例排名	R&D内部经费支出排名	科学技术支出占地方一般公共预算支出比例排名	研发投入强度排名	GDP排名	人均GDP排名
北京市	1	1	1	1	1	13	1	2	2
深圳市	2	2	4	10	3	5	2	3	5
上海市	3	3	2	3	2	17	4	1	7
广州市	4	4	5	14	4	8	18	4	12
苏州市	5	5	16	27	5	4	5	6	6
合肥市	6	17	14	17	16	1	7	20	29
南京市	7	7	8	2	9	14	8	10	4
杭州市	8	8	7	8	6	9	6	8	10
西安市	9	11	11	5	10	67	3	22	54
天津市	10	9	9	15	11	32	9	11	35
武汉市	11	31	10	4	13	12	35	9	16
成都市	12	70	6	20	7	16	17	7	45
芜湖市	13	40	51	42	36	2	11	62	32
佛山市	14	15	34	46	18	3	29	17	24
珠海市	15	35	37	19	43	7	15	72	9
长沙市	16	13	23	13	14	34	22	15	20
宁波市	17	12	24	40	15	10	25	12	14
郑州市	18	14	12	9	19	26	41	16	36
重庆市	19	6	3	48	8	70	55	5	58
无锡市	20	16	31	30	12	24	16	14	1

图3-2-4 创新主体投入前20强排名与GDP排名及人均GDP排名的位差

区域经济发展水平有较大位差。重庆市的 GDP 全国排名第五，但创新主体投入排名第十九，相差 14 个位差。无锡市 GDP 全国排名第十四，但创新主体投入排名第二十，相差 6 个位差。这两个城市的创新主体投入落后于其经济发展水平。珠海市、芜湖市、合肥市和西安市的创新投入排名分别是第十五、第十三、第六和第九，但各自 GDP 排名分别为第七十二、第六十二、第二十和第二十二，位差分别为 57、49、14 和 13 位，创新主体投入明显领先于其经济发展水平，这些情况值得重点关注。

四、维度分析

针对上述城市创新主体投入差异情况，可进一步分析其在不同维度上的比较优势。图 3-2-5 至图 3-2-9 分别展示了前 20 强城市在所拥有 R&D 人员、知识密集型产业从业人员、受高等教育人口比例、R&D 内部经费支出、科学技术支出占地方一般公共预算支出比例和研发投入强度 6 个维度上的分项得分与总体得分的差异。

R&D 人员得分中，北京市、深圳市、上海市、广州市和苏州市排名前 5（见图 3-2-5）。2020 年指标数据显示，北京市和深圳市拥有较多 R&D 人员数量，在得分上遥遥领先。重庆市、南京市、杭州市、天津市、西安市、宁波市、长沙市、郑州市、佛山市、无锡市和合肥市的 R&D 人员得分较为接近。武汉市、珠海市、芜湖市和成都市的 R&D 人员得分较低。

天津市、北京市、深圳市、上海市、苏州市、杭州市、南京市、广州市、佛山市和西安市创新主体投入与 R&D 人员排名位差范围都在 1 名以内。重庆市、宁波市、无锡市、郑州市和长沙市创新主体投入明显低于 R&D 人员排名，位差分别是 13、6、5、5 和 4 位。珠海市、芜湖市、武汉市、成都市和合肥市创新主体投入明显高于 R&D 人员排名，位差分别是 3、6、6、8 和 10 位，在 R&D 人员维度上还有很大的提升空间。

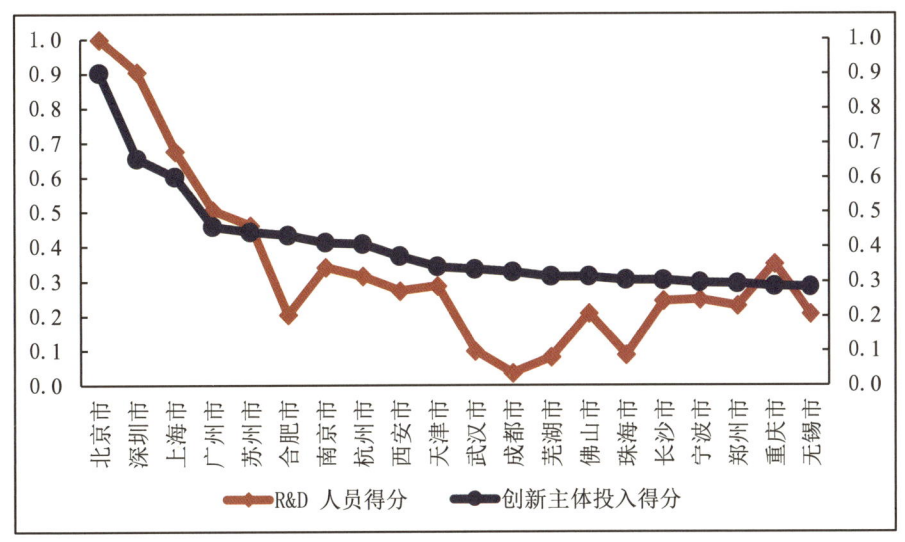

图 3-2-5 R&D 人员得分与创新主体投入得分对比图

知识密集型产业从业人员得分中，排名前 5 的城市为北京市、上海市、重庆市、深圳市和广州市（见图 3-2-6）。北京市知识密集型产业从业人员得分远高于其他城市，得分远超出第二名上海市，人力资本和人才资源优势十分明显。重庆市、深圳市、广州市和成都市知识密集型产业从业人员得分数值较高。杭州市、南京市、天津市和武汉市知识密集型产业从业人员得分

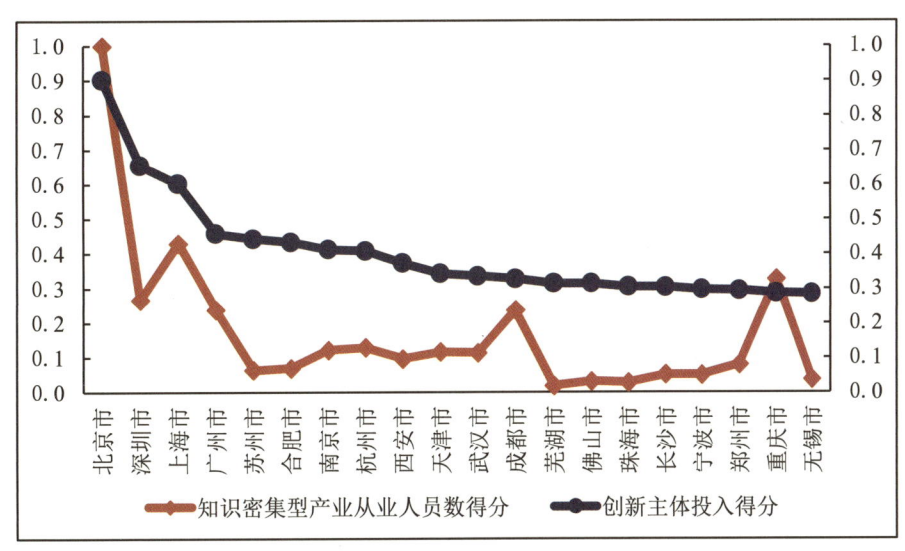

图 3-2-6 知识密集型产业从业人员得分与创新主体投入得分对比图

数值较为接近。西安市、郑州市、合肥市、苏州市、长沙市、宁波市、无锡市、佛山市、珠海市和芜湖市知识密集型产业从业人员得分较低。

上海市、杭州市、天津市、长沙市、宁波市、武汉市、北京市、南京市、广州市、深圳市和西安市创新主体投入与知识密集型产业从业人员排名位差范围都在两名以内。重庆市、成都市、郑州市和无锡市创新主体投入明显低于知识密集型产业从业人员排名，位差分别是16、6、6和3位。珠海市、佛山市、合肥市、芜湖市和苏州市创新主体投入明显高于知识密集型产业从业人员排名，位差分别是4、4、7、7和9位。

受高等教育人口比例得分中，排名前5的城市为北京市、南京市、上海市、武汉市和西安市（见图3-2-7）。宁波市、芜湖市、佛山市和重庆市受高等教育人口比例得分较低。

杭州市、珠海市、北京市、上海市、宁波市、天津市、重庆市和成都市创新主体投入与受高等教育人口比例排名位差范围都在两名以内。郑州市、长沙市、武汉市、南京市、西安市和无锡市创新主体投入明显低于受高等教育人口比例排名，位差分别是11、7、7、5、4和4位。芜湖市、佛山市、深圳市、合肥市、广州市和苏州市创新主体投入明显高于受高等教育人口比例排名，位差分别是5、5、6、6、6和10位。

综上所述，在三个人员指标投入方面，北京市，上海市在这三个指标上均位于前5强。芜湖市在这三个指标上表现不佳。郑州市、无锡市在这三个指标上的排名与创新主体排名相比，有着明显的优势。近年来，郑州市高度重视人才工作，全面实施人才强市战略。从人才制度和政策设计入手，以发展需求为导向，构建"郑州人才计划"政策体系，并配套出台了《郑州市高层次人才分类认定实施细则》等9个配套文件，实施分层分类、精准有效的人才激励政策。与此同时，无锡市也十分重视人才的培养、引进和使用，注重以人才引领促进创新发展，以人才强市促进产业强市。2016年起制定实施"太湖人才计划"及其升级版，连续三年举办高层次人才创新创业无锡交流大会，2019年、2020年连续两年获评"中国最佳引才城市"。各类人才的不断汇聚，有力促进了无锡市的经济社会全面协调可持续发展。

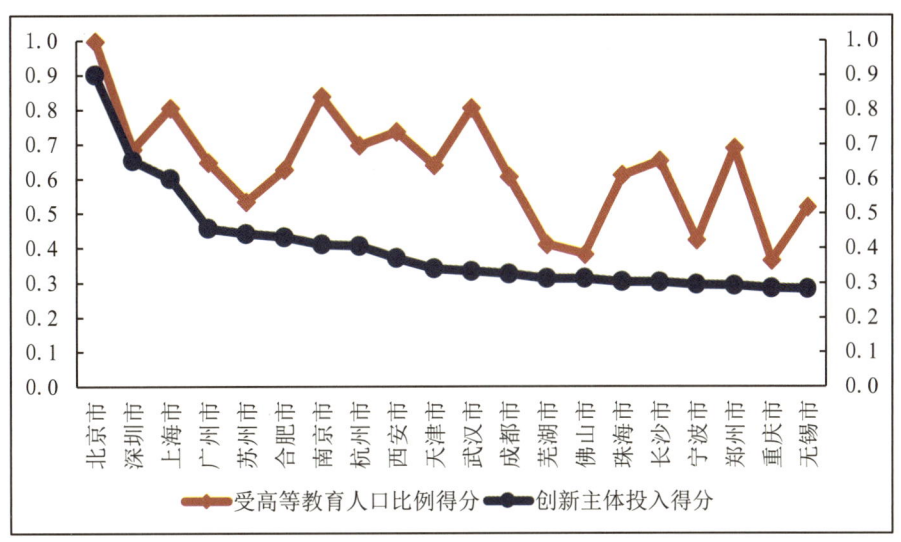

图 3-2-7 受高等教育人口比例得分与创新主体投入得分对比图

R&D 内部经费支出得分中，排名前 5 的城市为北京市、上海市、深圳市、广州市和苏州市（见图 3-2-8），上海市和深圳市虽然得分较高，但和北京存在明显差距。芜湖市和珠海市的 R&D 内部经费支出得分较低。

杭州市、长沙市、宁波市、上海市、北京市、苏州市、广州市、郑州市、深圳市、西安市、天津市、南京市和武汉市创新主体投入与 R&D 内部

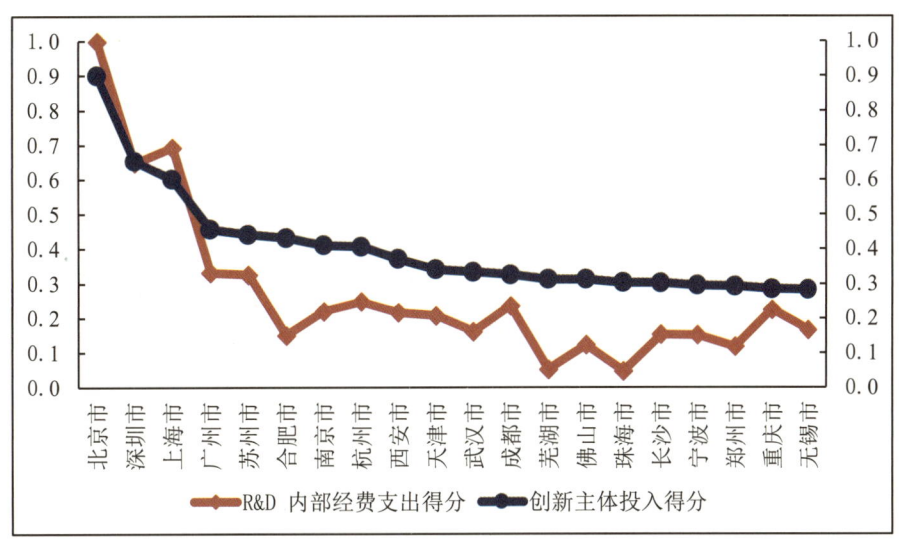

图 3-2-8 R&D 内部经费支出得分与创新主体投入得分对比图

经费支出排名位差范围都在两名以内。重庆市、无锡市和成都市创新主体投入明显低于R&D内部经费支出排名，位差分别是11、8和5位。珠海市、佛山市、芜湖市和合肥市创新主体投入明显高于R&D内部经费支出排名，位差分别是3、5、6和10位。

科学技术支出占地方一般公共预算支出比例中，排名前5的城市为合肥市、芜湖市、佛山市、苏州市和深圳市（见图3-2-9）。合肥市得分最高，紧接着是芜湖市、佛山市和苏州市。无锡市、郑州市、天津市、长沙市、西安市和重庆市的科学技术支出占地方一般公共预算支出比例得分较低。

郑州市、苏州市、武汉市、杭州市、成都市、重庆市和长沙市创新主体投入与科学技术支出占地方一般公共预算支出比例排名位差范围都在两名以内。芜湖市、佛山市、珠海市、宁波市、合肥市和无锡市创新主体投入明显低于科学技术支出占地方一般公共预算支出比例排名，科学技术支出占地方一般公共预算支出比例得分较高，位差分别是11、11、9、8、5和5位。深圳市、广州市、南京市、天津市、北京市、西安市和上海市创新主体投入明显高于科学技术支出占地方一般公共预算支出比例排名，位差分别是3、3、5、7、10、10和11位，在科学技术支出占地方一般公共预算支出比例维度上还有一定的提升空间。

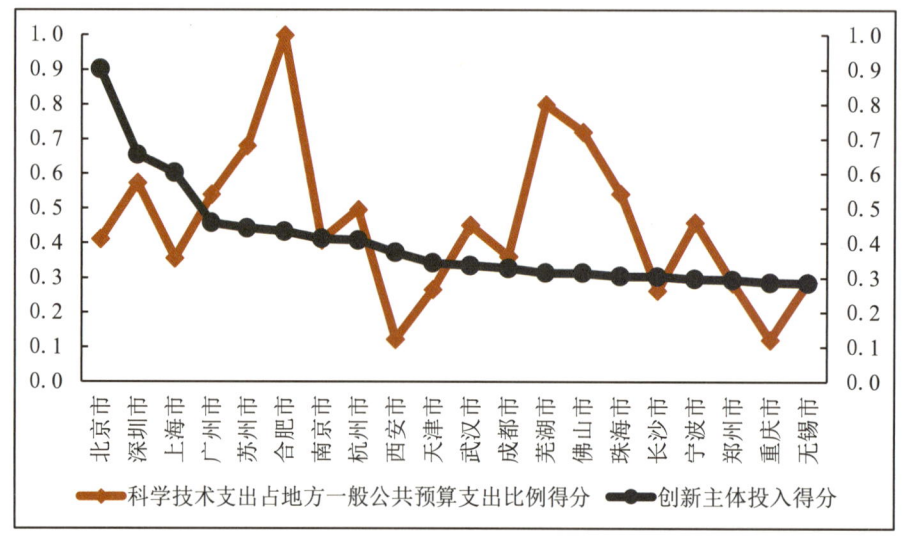

图3-2-9 科学技术支出占地方一般公共预算支出比例得分与创新主体投入得分对比图

研发投入强度得分中，排名前5的城市为北京市、深圳市、西安市、上海市和苏州市（见图3-2-10）。北京市得分最高，紧接着是深圳市、西安市、上海市和苏州市。杭州市、合肥市、南京市、天津市、芜湖市、珠海市、无锡市、成都市、广州市、长沙市、宁波市、佛山市、武汉市、郑州市和重庆市这些城市的研发投入强度得分较为接近。

杭州市、天津市、长沙市、宁波市、北京市、深圳市、苏州市、上海市、合肥市、南京市、成都市、郑州市和重庆市创新主体投入与研发投入强度排名位差范围都在两位以内。无锡市、西安市、珠海市和芜湖市创新主体投入明显低于研发投入强度排名，研发投入强度得分较高，位差分别是8、6、4和3位。佛山市、武汉市、广州市创新主体投入明显高于研发投入强度排名，位差分别是3、7和10位。

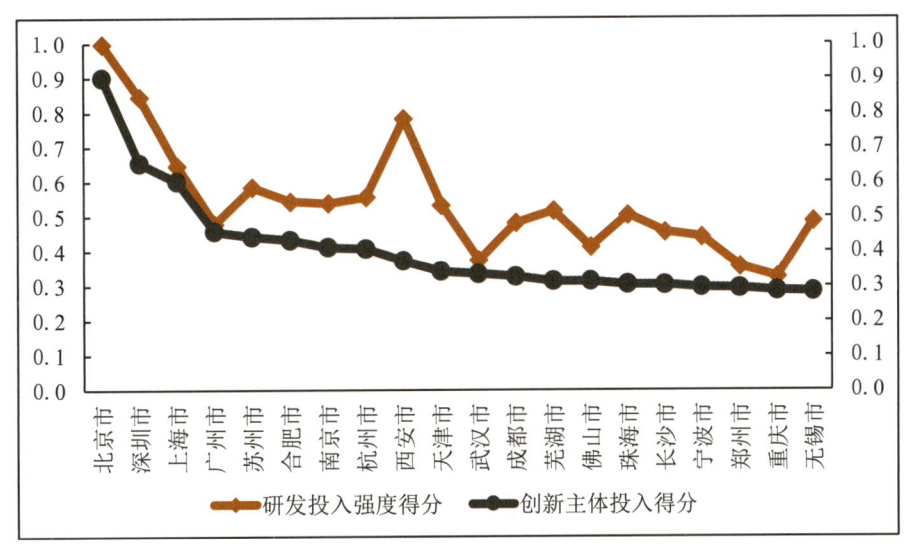

图3-2-10 研发投入强度得分与创新主体投入得分对比图

五、主要发现

通过对创新主体投入前20强城市在区域、梯度、位差、维度四个角度的分析，得到主要发现如下：

1. 从区域分布上看，创新主体投入前20强城市在长三角地区、珠三角地区呈现出明显的聚集效应，前20强城市中有8个分布在长三角地区、4个分布在珠三角地区，在其他区域城市分布较为分散。广东省、江苏省、安徽省和浙江省入榜城市较多，广东省最多共有4个，分别是深圳市、广州市、佛山市和珠海市。广州、深圳市充分发挥了创新发展的龙头带动作用。江苏省苏州市、南京市和无锡市入选，浙江省杭州市、宁波市入选。长三角地区除上海市及南京市、合肥市、杭州市3个省会城市外，苏州市、芜湖市、宁波市和无锡市也入围了前20强城市。2019年中共中央、国务院印发的《长江三角洲区域一体化发展规划纲要》，明确提出要推动科技创新与产业发展深度融合，促进人才流动和科研资源共享，形成区域联动、分工协作、协同推进的技术创新体系。相关政策的出台对城市创新投入起到了较大的促进作用。与此同时，创新主体投入前20强城市中有6个分布在中西部地区，占比30%。重庆市和成都市位于成渝城市群，郑州市位于中原城市群，国务院先后批复的《成渝城市群发展规划》和《中原城市群发展规划》，为这些地区的城市创新投入发展带来了重要的政策支持。

2. 从梯度分析上看，创新主体投入前20强城市可分为五个组。北京市、深圳市、上海市位于前3强，与其政治经济实力有着密不可分的关系。这3个城市充分利人才和科技资源高度集聚优势，为人才培养、知识创新、技术革新提供了良好保障。北京除科学技术支出占地方一般公共预算支出比例指标外，其他五项指标R&D人员、知识密集型产业从业人员、受高等教育人口比例、R&D内部经费支出和研发投入强度均位列第一。广州市、苏州市、合肥市、南京市和杭州市共5个城市位于第三组。西安市、天津市、武汉市、成都市四个城市属于第四组。芜湖市、佛山市、珠海市、长沙市、宁波市、郑州市、重庆市和无锡市属于第五组。

3. 从位差分析上看，创新主体投入排名与区域经济发展水平有很强的一致性，北京市、深圳市、苏州市、天津市、广州市、杭州市和长沙市的创新主体投入与GDP排名位差范围都在1名以内，南京市、佛山市、上海市、武汉市和郑州市的两者排名相差在3个位差以内。

珠海市、芜湖市、合肥市和西安市的创新主体投入明显领先于其经济发展水平。数据显示，"十三五"时期，珠海市科技创新综合能力持续提升，全社会研发经费支出占GDP比重从2015年的2.41%大幅提高到3.26%，居广东省第三。珠海市财政科技投入从2015年的28.63亿元增加到2020年的51.51亿元，《珠海市科技创新"十四五"规划》也提出了包括积极参与粤港澳大湾区国际科技创新中心建设、夯实服务国家需求的战略科技力量、着力构建完善全链条科技创新体系、全力提升科技支撑经济社会发展能力、培育具有活力的各类创新创业主体、持续建设和完善科技创新治理体系等重点任务。根据安徽省统计局反馈数据，2020年，芜湖市全社会研发经费125.28亿元，比上年增加13.72亿元，增长12.3%。研发投入强度（研发经费投入占GDP比重）达到3.34%，比上年提高0.26个百分点，提升幅度是"十三五"以来最大的年份。研发投入强度高于全省1.06个百分点。合肥市聚焦支持研发，给予全市科技型中小企业和高成长企业研发费用补助；聚焦推动转化，支持企业投资建设优质示范应用场景项目，支持优质企业中试基地建设；聚焦激励提升，高新技术企业、众创空间数量得到大幅度增长。西安市实施创新型企业倍增计划，提升企业研发创新能力，对企业研发经费投入情况实施奖补，全社会研发投入强度保持在5%以上，以引育结合的举措培育企业成长，以精准得力的政策推进了产业发展。

4. 从维度分析上看，城市创新主体投入主要表现为人员与经费投入，具体指标含R&D人员、知识密集型产业从业人员、受高等教育人口比例、R&D内部经费支出、科学技术支出占地方一般公共预算支出比例和研发投入强度。

在三个人员投入相关指标方面，北京市，上海市在这三个指标上均位于前5强。深圳市、广州市和苏州市拥有较多的R&D人员数量。此外，重庆市、深圳市和广州市知识密集型产业从业人员得分较高，南京市、武汉市和西安市受高等教育人口比例较高。北京、上海、广州、深圳作为我国老牌一线城市，人才资源十分丰富。南京作为文化历史名城，人才培养的氛围和环境十分浓厚。高校、科研院所密集，高层次科技人才会聚，地方科研实力强大。人员和经费以及政府的稳定投入成为苏州市科技创新的动力源泉，三方面创新主体投入的快速增长促进了城市创新生态的形成。

在三个经费投入相关指标方面，科学技术支出占地方一般公共预算支出比例维度前5强的城市分别是：合肥市、芜湖市、佛山市、苏州市和深圳市。北京市、上海市、深圳市和苏州市的R&D内部经费支出以及研发投入强度指标上均位于前5强。此外，广州市的R&D内部经费指标以及西安市的研发投入强度表现也十分的亮眼，经费支持为城市创新活动提供了重要保障。

第三章：创新主体产出前20强城市分析

创新主体产出主要是用于反映与城市创新活动相关的各项成果，是评价城市创新发展程度的重要指标。具体指标含国家级科技奖励数量、有效商标数量和每万人发明专利授权数量。根据课题组测算，创新主体产出前20强城市（见表3-3-1）的区域、梯度、位差与维度分析结果如下：

表3-3-1　2022年创新主体产出前20强城市

城市	创新主体产出得分	创新主体产出排名	GDP排名	人均GDP排名	所在省市
北京市	1.0000	1	2	2	北京市
武汉市	0.3908	2	9	16	湖北省
深圳市	0.2583	3	3	5	广东省
杭州市	0.2580	4	8	10	浙江省
南京市	0.2514	5	10	4	江苏省
上海市	0.2424	6	1	7	上海市
珠海市	0.2118	7	72	9	广东省
广州市	0.1683	8	4	12	广东省
西安市	0.1572	9	22	54	陕西省
青岛市	0.1311	10	13	19	山东省
合肥市	0.1199	11	20	29	安徽省
苏州市	0.1136	12	6	6	江苏省
成都市	0.1118	13	7	45	四川省
长沙市	0.1117	14	15	20	湖南省
济南市	0.1086	15	19	27	山东省
嘉兴市	0.1083	16	41	34	浙江省
东莞市	0.1031	17	24	41	广东省
温州市	0.0994	18	30	65	浙江省
芜湖市	0.0967	19	62	32	安徽省
无锡市	0.0932	20	14	1	江苏省

注：创新主体产出得分指其包含的三级指标标准化数据均权之和。

一、区域分析

创新主体产出前20强城市呈现明显的区域聚集效应（见图3-3-1）。城市创新主体产出前20位的城市中，广东省、浙江省和江苏省入围的城市较多，占10席。广东省表现尤其突出，独占4席，占比20%，其中含副省级城市 2 个：广州市和深圳市。浙江省和江苏省并列第二，分别入榜 3 席，各自占比 15%，其中浙江省含副省级城市 1 个：杭州市，江苏省含副省级城市 1 个：南京市。山东省和安徽省各有两个城市入选，湖南省、湖北省、四川省和陕西省各有 1 个城市入选。两个直辖市北京市和上海市进入了前 20 强。

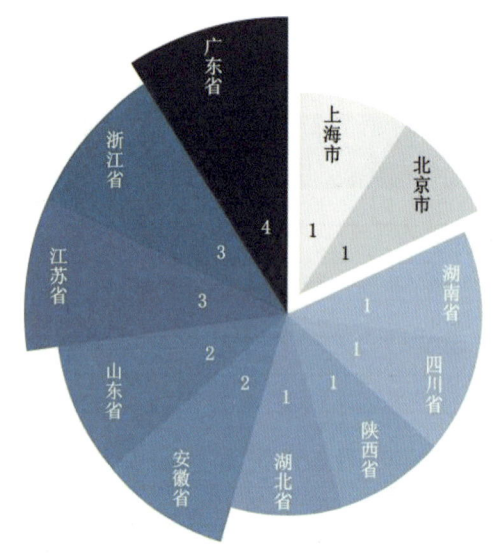

图 3-3-1 创新主体产出前 20 强城市的省市分布图

创新主体产出前 20 强城市中有 11 个分布在华东地区，其中 9 个分布在长三角地区、4 个分布在珠三角地区、4 个分布在中西部地区、1 个分布在京津冀地区（见图 3-3-2）。

长三角地区入围前 20 强的城市包含：杭州市、南京市、上海市、合肥市、苏州市、嘉兴市、温州市、芜湖市以及无锡市。除上海市及南京市、杭州市、合肥市 3 个省会城市外，苏州市、无锡市两个 GDP 破万亿的城市也入榜，可见创新主体产出与地区经济发展存在一定的关联性。

珠三角地区入围前 20 强的城市包含：深圳市、珠海市、广州市以及东莞市。两个副省级城市广州市和深圳市属于一线城市，创新资源较多，创新能力较强；东莞市和珠海市的创新主体产出排名均领先其 GDP 排名，凸显了地方政府在创新上的积极努力和显著成效。

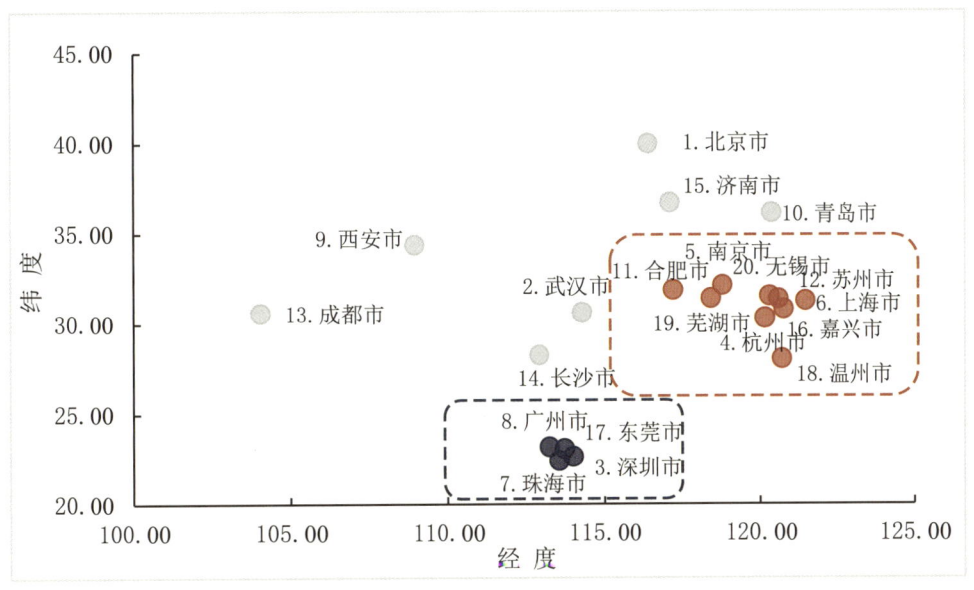

图 3-3-2 创新主体产出前 20 强城市区域分布图

二、梯度分析

根据创新主体产出标准得分可见，前 20 强城市可大致分为 6 个组（见图 3-3-3）。北京市属于第一组，武汉市属于第二组，北京市得分最高，在得分上与武汉市相比优势明显，排名第二的武汉市与第三组城市相比得分领先；

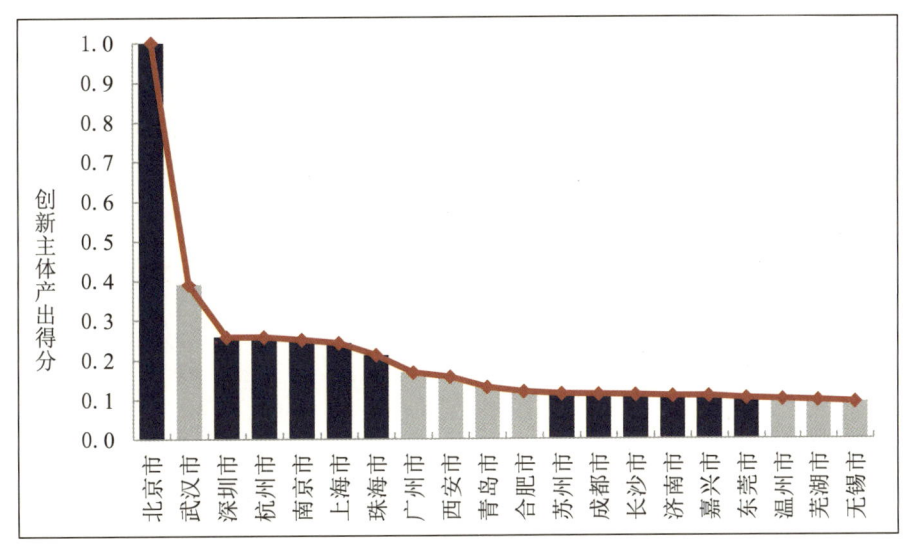

图 3-3-3 创新主体产出前 20 强城市梯度图

深圳市、杭州市、南京市、上海市和珠海市 5 个城市属于第三组，第三组各城市的得分几乎持平；广州市、西安市、青岛市和合肥市 4 个城市属于第四组，苏州市、成都市、长沙市、济南市、嘉兴市和东莞市 6 个城市属于第五组，温州市、芜湖市、无锡市 3 个城市属于第六组，第四组、第五组和第六组的得分相比较差异较小。

三、位差分析

城市创新主体产出与区域经济发展水平具有较强的关联性。珠三角和长三角等区域经济发达地区，创新主体产出水平相对较高。部分城市的创新主体产出水平超越其经济发展水平，如珠三角地区的珠海市、东莞市，长三角地区的杭州市、南京市、合肥市、嘉兴市、温州市和芜湖市。创新主体产出前 20 强城市排名与 GDP 排名、人均 GDP 排名的位差比较结果显示：大部分城市创新主体产出排名与 GDP 排名以及人均 GDP 排名差别不大，仅有少部分城市出现创新主体产出排名远超 GDP 排名的情况（见图3-3-4）。

城市	创新主体产出排名	获得国家级科技奖励数量排名	拥有有效商标数量排名	每万人发明专利授权数量排名	GDP 排名	人均GDP排名
北京市	1	1	1	1	2	2
武汉市	2	4	17	2	9	16
深圳市	3	12	2	4	3	5
杭州市	4	3	5	6	8	10
南京市	5	4	16	5	10	4
上海市	6	2	3	7	1	7
珠海市	7	37	47	3	72	9
广州市	8	6	4	14	4	12
西安市	9	7	21	10	22	54
青岛市	10	13	20	9	13	19
合肥市	11	15	26	13	20	29
苏州市	12	24	9	15	6	6
成都市	13	8	6	28	7	45
长沙市	14	14	18	17	15	20
济南市	15	10	23	24	19	27
嘉兴市	16	37	31	8	41	34
东莞市	17	51	14	11	24	41
温州市	18	28	11	16	30	65
芜湖市	19	70	48	12	62	32
无锡市	20	15	32	23	14	1

图 3-3-4 创新主体产出前 20 强排名与 GDP 排名及人均 GDP 排名的位差

深圳市的创新主体产出排名与 GDP 排名完全一致，城市均衡度非常高。北京市、杭州市、南京市、上海市、广州市、青岛市、长沙市和济南市的城市均衡度较高，排名仅相差在 5 个位差以内。其中，上海市和广州市的 GDP 排名高于其创新主体产出排名，北京市、杭州市、南京市、青岛市、长沙市和济南市的创新主体产出排名高于其 GDP 排名。这些城市总体经济发展水平高，高水平的经济为创新活动创造了基础。

珠海市、嘉兴市和芜湖市的均衡度较差，创新主体产出水平明显领先于经济发展水平。珠海市的创新主体产出排名在第七位，而其 GDP 排名第七十二位，排名相差 65 个位差。嘉兴市的创新主体产出排名在第十六位，而其 GDP 排名第四十一位，排名相差 25 个位差。芜湖市的创新主体产出排名在第十九位，而其 GDP 排名第六十二位，排名相差 43 个位差。珠三角地区的珠海市，其创新主体产出排名显著高于与 GDP 排名，主要原因是其每万人发明专利授权数量排名位列全国第三。长三角地区的嘉兴市与芜湖市，其创新主体产出排名明显高于 GDP 排名，主要原因是其每万人发明专利授权数量排名分别位列全国第八和第十一。

四、维度分析

针对上述城市创新主体产出差异情况，可进一步分析其在不同维度上的优势。图 3-3-5 至图 3-3-7 分别展示前 20 强城市在拥有有效商标数量、获得国家级科技奖励数量和每万人发明专利授权数量 3 个维度上的分项得分与总体得分的差异。

在拥有有效商标数量维度中，北京市、上海市、广州市和深圳市得分较高（见图 3-3-5）。有效商标数量位居全国前 4，与各市经济发展水平保持较高一致性。

在获得国家级科技奖励数量维度中，北京市、上海市和杭州市排名位居前 3（见图 3-3-6）。丰富的科教资源使得城市的创新资源和科研实力居全国前列，城市通过产学研协同发展，促进重大成果涌现。

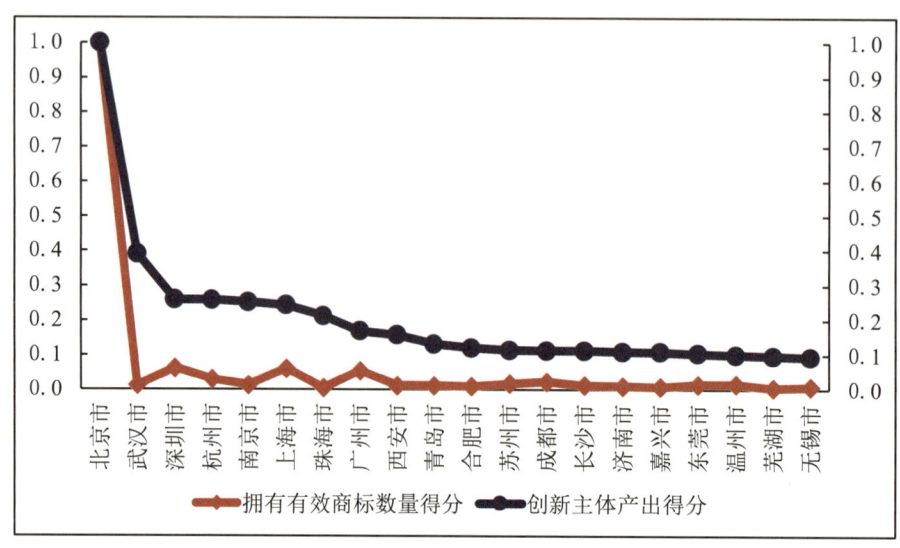

图 3-3-5 拥有有效商标数量得分与创新主体产出得分对比图

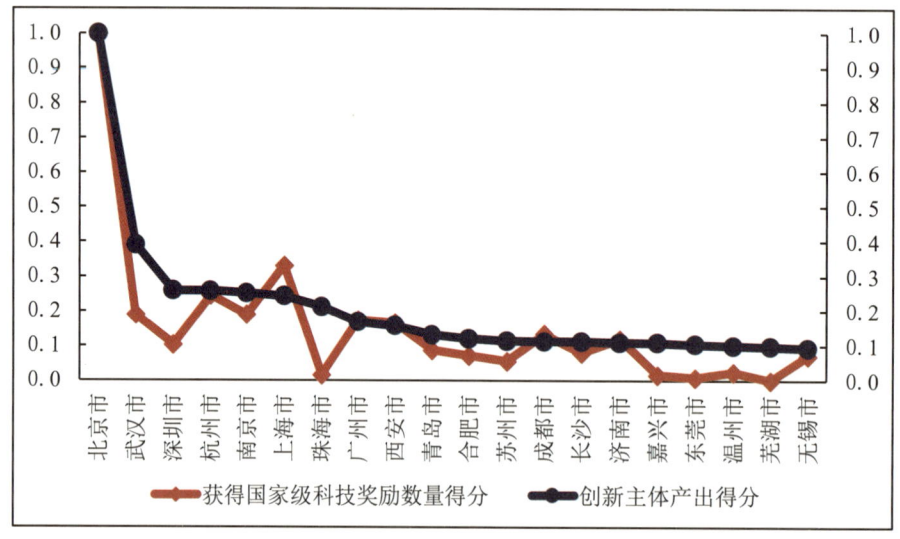

图 3-3-6 获得国家级科技奖励数量得分与创新主体产出得分对比图

在每万人发明专利授权数量得分上，北京市、武汉市、珠海市、深圳市、南京市和杭州市得分水平较高（见图3-3-7）。位居第二位的武汉市，不仅是国家知识产权示范城市，还拥有两个国家知识产权示范园区——武汉东湖新技术开发区和武汉经济技术开发区，出台了一系列激励知识产权创造、保护和运用的政策措施，有力促进了知识产权事业发展。珠海市和深圳市位列三、四，与其拥有华为技术有限公司、中兴通讯股份有限公司、腾讯科技（深圳）有限公司和珠海格力电器股份有限公司等一批中国专利实力前100强企业有关。

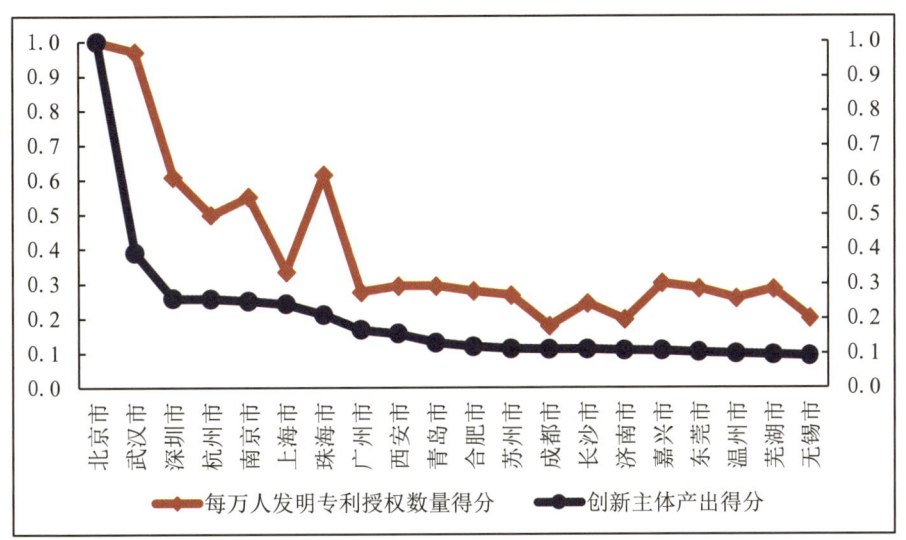

图 3-3-7 每万人发明专利授权数量得分与创新主体产出得分对比图

五、主要发现

通过对创新主体产出前 20 强城市在区域、梯度、位差、维度四个角度的分析，可以发现：

1. 从区域分布看，创新主体投入前 20 强城市在长三角地区、珠三角地区呈现出明显的聚集效应，前 20 强城市中有 9 个分布在长三角地区，4 个分布在珠三角地区，其他区域分布较为分散。广东省、浙江省和江苏省涵盖的城市较多，广东省共有 4 个城市，分别是广州市、深圳市、珠海市和东莞市；浙江省有 3 个城市，分别是杭州市、温州市和嘉兴市；江苏省有 3 个城市，分别是南京市、苏州市和无锡市。山东省有两个城市，分别是青岛市和济南市；安徽省有两个城市，分别是合肥市和芜湖市。湖南省、湖北省、四川省和陕西省各有 1 个城市，分别是长沙市、武汉市、成都市和西安市；以及两个直辖市北京市和上海市。

2. 从梯度分析看，创新主体产出前 20 强城市可以分为 6 个组，北京市属于第一组，主要源于北京市有效商标数量、获得国家级科技奖励数量和每万人发明专利授权数量均居全国首位，武汉市属于第二组，得益于每万人发明专利授权数量居全国第二、获得国家级科技奖励数量居全国第四；深圳市、杭州市、南京市、上海市、珠海市 5 个城市进入第三组，得益于每万人发明专利授权数量居全国前 7，上海市、杭州市和南京市的获得国家级科技奖励数量居全国前 5；广州市、西安市、青岛市、合肥市 4 个城市属于第四组，主要源于每万人发明专利授权数量居全国前 15；苏州市、成都市、长沙市、济南市、嘉兴市、东莞市 6 个城市属于第五组，主要由于拥有有效商标数量居全国前 18；温州市、芜湖市、无锡市 3 个城市属于第六组，得益于每万人发明专利授权数量进入全国前 20。

3. 从位差分析看，城市创新主体产出与区域经济发展水平具有较强的关联性，珠三角和长三角等区域经济发达地区，创新主体产出水平相对较高。但是创新主体产出排名与 GDP 以及人均 GDP 排名的位差比较结果显示，少数城市存在不均衡现象，如珠三角地区的珠海市，其创新主体产出排名与 GDP 排名有较大位差、与人均 GDP 排名比较接近。根据 2021 中国企业专利实力 500 强榜单显示，500 强企业主要分布在我国沿海经济发达地区，广东省上榜企业数量最多，位居榜首，珠海市也因此每万人发明专利授权数量位列全国第三。

4. 从维度分析看，北京市、上海市、深圳市和广州市的有效商标数量位居前列，这些城市积极实施商标战略，不断提升本地的商标注册、运用、保护和管理水平，在商标品牌推进、质量提升和效益实现等方面优势突出，在商标品牌潜力挖掘、服务环境优化等方面进步明显，有力推动了城市的创新发展，并与城市经济发展水平保持较高一致性；北京市、上海市和杭州市在获得国家级科技奖励数量排名上居全国前 3，与其丰富的高校院所资源密不可分，获奖科技成果在数量和质量上位居全国前列，为城市的高质量发展提供有力支撑；北京市、武汉市、珠海市和深圳市，均是国家知识产权示范城市，每万人发明专利授权数量排名列全国前 4。排名第二的武汉市，深入推进知识产权强市建设，知识产权创造质效稳步提升，国家知识产权示范企业达 19 家，国家知识产权优势企业达 49 家，国家贯标认证企业达 803 家，知识产权事业发展取得显著成效，为建设现代化武汉提供重要支撑。

第四章：创新协同平台前20强城市分析

创新协同平台主要用于反映城市技术转移、技术研发、资源共享和创新孵化的平台建设能力。具体指标含国家级大学科技园数量、国家级技术转移中心数量、国家级孵化器数量、国家级开发区数量（即国家级高新技术开发区数量与国家级经济技术开发区数量之和）以及协同创新中心数量。根据课题组测算，创新协同平台前20强城市（见表3-4-1）的区域、梯度、位差与维度分析结果如下：

表 3-4-1 2022 年创新协同平台前 20 强城市

城市	创新协同平台得分	创新协同平台排名	GDP 排名	人均 GDP 排名	所在省市
北京市	0.7872	1	2	2	北京市
上海市	0.7567	2	1	7	上海市
南京市	0.4539	3	10	4	江苏省
苏州市	0.4532	4	6	6	江苏省
杭州市	0.4495	5	8	10	浙江省
天津市	0.4145	6	11	35	天津市
武汉市	0.3732	7	9	16	湖北省
重庆市	0.3438	8	5	58	重庆市
西安市	0.3364	9	22	54	陕西省
广州市	0.3336	10	4	12	广东省
成都市	0.3025	11	7	45	四川省
长沙市	0.2851	12	15	20	湖南省
哈尔滨市	0.2662	13	44	81	黑龙江省
长春市	0.2556	14	32	60	吉林省
大连市	0.2254	15	29	38	辽宁省
青岛市	0.2220	16	13	19	山东省
济南市	0.2137	17	19	27	山东省
昆明市	0.2091	18	31	51	云南省
南昌市	0.2031	19	40	40	江西省
沈阳市	0.2028	20	33	62	辽宁省

注：创新协同平台得分指其包含的三级指标标准化数据均权之和。

一、区域分析

创新协同平台前 20 强城市主要分布在我国东南沿海地区、东北地区和中部地区（见图 3-4-1）。从直辖市看，北京市、上海市、天津市和重庆市均进入了前 20 强，且排名靠前。从省份看，江苏省、山东省和辽宁省入围的城市较多，各占两席，分别占比 10%。其中，江苏省含副省级城市 1 个：南京市；山东省含副省级城市两个：青岛市和济南市；辽宁省含副省级城市两个：大连市和沈阳市。此外，浙江省、湖北省、陕西省、广东省、四川省、吉林省、黑龙江省、湖南省、云南省和江西省各有 1 个城市入选。

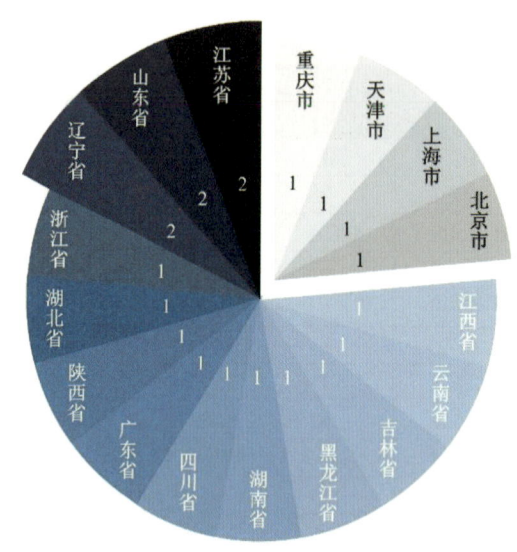

图 3-4-1 创新协同平台前 20 强城市的省市分布图

创新协同平台前 20 强城市中 4 个分布在长三角地区，5 个分布在环渤海地区，3 个分布在东北地区，6 个分布在中西部地区，两个分布在华南地区（见图 3-4-2）。

长三角地区入围前 20 强的城市包含：上海市、南京市、杭州市和苏州市。上海市是长三角地区的核心，南京市和杭州市分别是江苏省和浙江省的省会城市，苏州市的经济体量一直位居长三角地区前列。

环渤海地区入围前20强的城市包含：北京市、天津市、济南市、青岛市和大连市。北京市和天津市为直辖市，济南市是山东省的省会城市，青岛市和大连市分别是山东省和辽宁省的副省级城市。5个城市表现出较强的创新协同平台建设能力，为环渤海地区的创新转型注入新活力。

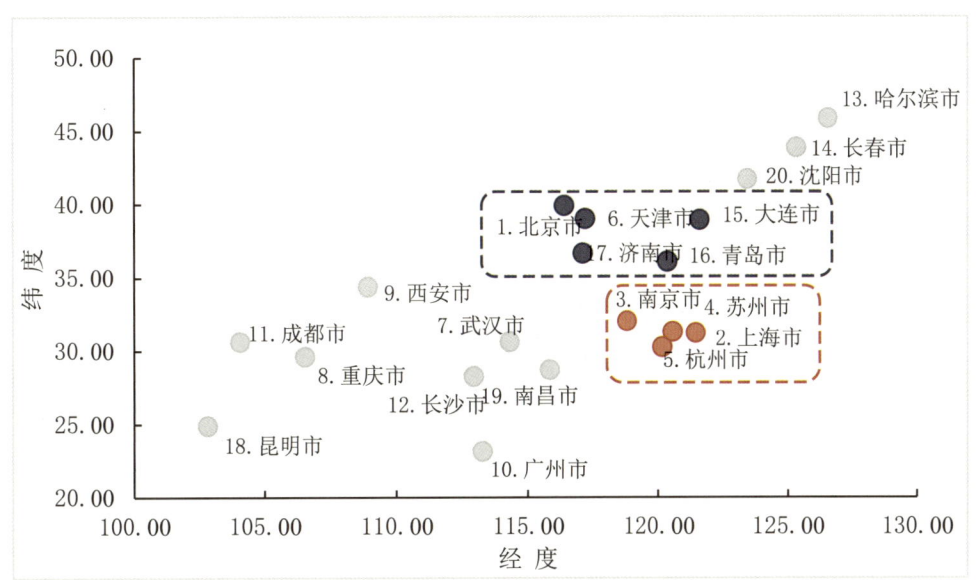

图 3-4-2 创新协同平台前 20 强城市区域分布图

二、梯度分析

根据创新协同平台标准得分可见，前 20 强城市可大致分为 5 个组（见图 3-4-3）。北京市和上海市两个城市属于第一组，两者的得分大幅领先其他城市。南京市、苏州市、杭州市和天津市共 4 个城市属于第二组，第二组与第一组的得分差距较大。值得注意的是，南京市由去年的第六位跃迁至第三位，实现了对杭州市和苏州市的赶超，而天津市则由去年的第四位下降至第六位，且与第五位的杭州市存在一定差距。武汉市、重庆市、西安市和广州市共 4 个城市属于第三组。相较于去年，重庆市位次上升了 1 位，西安市位次下降了 1 位。成都市、长沙市、哈尔滨市和长春市共 4 个城市属于第四组。其中，长沙市由去年的第十四位跃迁至第十二位，实现了对哈尔滨市和长春市的赶超，而长春市则由去年的第十二位下降至第十四位。大连市、青岛市、济南市、昆明市、南昌市和沈阳市共6个城市属于第五组。济南市由去年的第二十位跃迁至第十七位，位次上升了3位，实现了对沈阳市和南昌市的赶超，而昆明市则由去年的第十五位跌至第十八位，位次下降了3位。

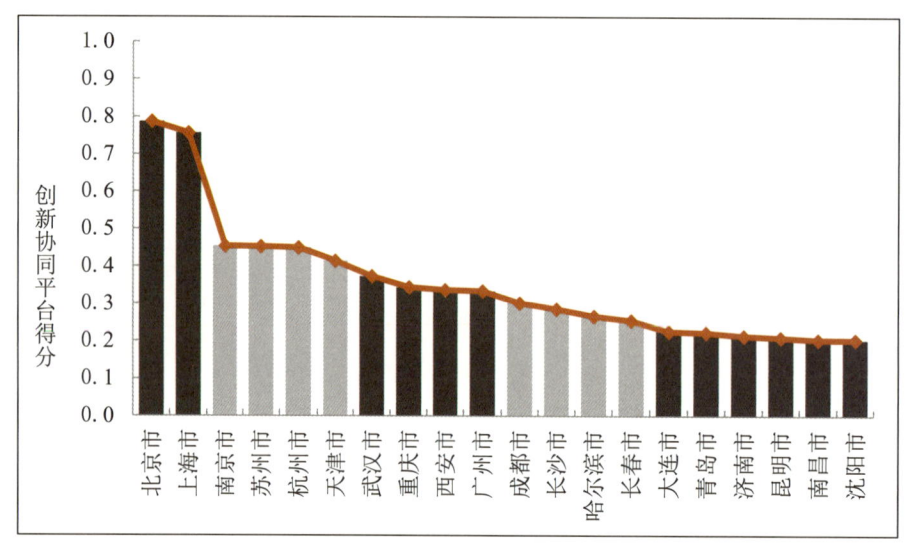

图 3-4-3 创新协同平台前 20 强城市梯度图

三、位差分析

城市创新协同平台与区域经济发展水平呈现一定的关联特征。创新协同平台前 20 强城市排名与 GDP 排名、人均 GDP 排名的位差比较结果显示（见图 3-4-4）：大部分城市的创新协同平台排名与 GDP 排名差别不大，但与人均 GDP 排名差异较大。城市创新协同平台排名与城市 GDP 排名位差在 5 以内的城市有 11 个，占比 55%，与城市人均 GDP 排名位差在 5 以内的城市仅有 7 个，占比 35%。

北京市、上海市、天津市、重庆市、杭州市、武汉市、成都市、青岛市、长沙市、济南市和苏州市城市均衡度较高，创新协同平台排名与 GDP 排名相差在 5 个位差以内。其中，上海市、重庆市、成都市和青岛市的 GDP 排名略高于其创新协同平台排名，其余城市的创新协同平台排名略高于其

GDP 排名。创新协同平台排名与人均 GDP 排名相差在 5 个位差以内的城市有北京市、上海市、南京市、广州市、杭州市、青岛市和苏州市。其余城市的创新协同平台排名与人均 GDP 排名存在较大差异,其中重庆市、西安市、哈尔滨市、长春市、沈阳市这 5 个城市的差异较为显著,创新协同平台水平明显领先于其经济发展水平,值得重点关注。

城市	创新协同平台排名	国家级大学科技园数量排名	国家级技术转移中心数量排名	国家级孵化器数量排名	国家级开发区数量排名	协同创新中心数量排名	GDP排名	人均GDP排名
北京市	1	2	1	1	37	1	2	2
上海市	2	1	2	2	2	2	1	7
南京市	3	3	3	5	20	3	10	4
苏州市	4	9	13	3	1	31	6	6
杭州市	5	4	10	4	5	5	8	10
天津市	6	13	10	8	3	4	11	35
武汉市	7	9	5	7	20	9	9	16
重庆市	8	13	16	14	3	5	5	58
西安市	9	9	6	12	6	9	22	54
广州市	10	13	8	5	11	11	4	12
成都市	11	4	4	16	20	11	7	45
长沙市	12	13	21	21	6	5	15	20
哈尔滨市	13	4	10	22	11	5	44	81
长春市	14	13	13	22	11	9	32	60
大连市	15	13	24	26	11	11	29	38
青岛市	16	4	7	16	20	40	13	19
济南市	17	23	10	22	20	5	19	27
昆明市	18	13	21	29	20	11	31	51
南昌市	19	4	30	34	20	18	40	40
沈阳市	20	13	21	34	11	18	33	62

图 3-4-4 创新协同平台前 20 强排名与 GDP 排名及人均 GDP 排名的位差

四、维度分析

针对上述城市的创新协同平台差异情况,可进一步分析其在不同维度上的比较优势。图 3-4-5 至图 3-4-9 分别展示了前 20 强城市在国家级大学科技园数量、国家级技术转移中心数量、国家级孵化器数量、国家级开发区数量以及协同创新中心数量 5 个维度上的分项得分与总体得分的差异。

在国家级大学科技园数量维度中,北京市和上海市处于绝对领先地位(见图 3-4-5)。北京市拥有 34 所双一流大学,居全国榜首;上海市拥有

15所双一流大学，位列全国第二。两座城市优质的高校资源与当地优势互动，促进了国家级大学科技园的发展。值得注意的是，除上海市、哈尔滨市、青岛市和南昌市外，其余城市在国家级大学科技园数量维度上的得分显著低于其创新协同平台总体得分。可见，国家级大学科技园是当前大部分入榜城市创新协同平台发展的"弱势"维度。作为连接高校创新和经济发展的重要纽带，国家级大学科技园的发展未来应在各城市"十四五"科创规划中重点关注。

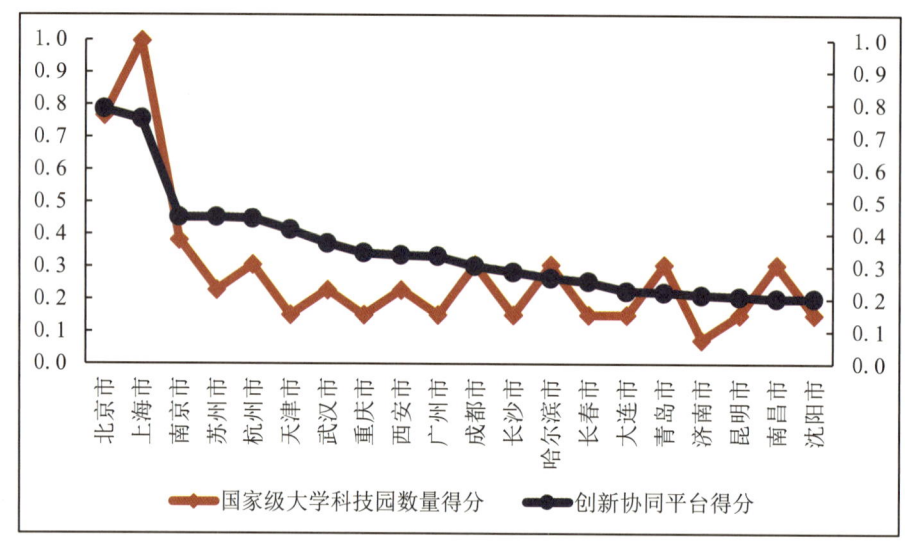

图3-4-5 国家级大学科技园数量得分与创新协同平台得分对比图

在国家级技术转移中心数量维度中，北京市、上海市、南京市、成都市和武汉市得分较高（见图3-4-6）。其中北京市拥有54家国家级技术转移中心，位列榜首，是第二名上海市的两倍之多，处于绝对优势地位；南京市、成都市、武汉市紧随上海市之后，均拥有15家以上的国家级技术转移中心。除北京市以外，其余19个入榜城市的国家级技术转移中心数量得分均显著小于城市创新协同平台总体得分，尤其苏州市的得分差异最大。可见，国家级技术转移中心的建设是苏州市未来创新协同平台发展更上一层楼的"关键突破点"。立足"十三五"，展望"十四五"，一批示范性、专业化国家技术转移中心正加快布局。根据科技部、教育部印发的《关于进一步推进高等学校专业化技术转移机构建设发展的实施意见》,"十四五"期间,将依托高校培育建设百家左右的国家技术转移中心。因此,苏州市应抓住机遇,依托高校进行积极布局,一方面积极支持本地的大学发展,另一方面,也可以推动国内外知名高校在苏州进行办学。

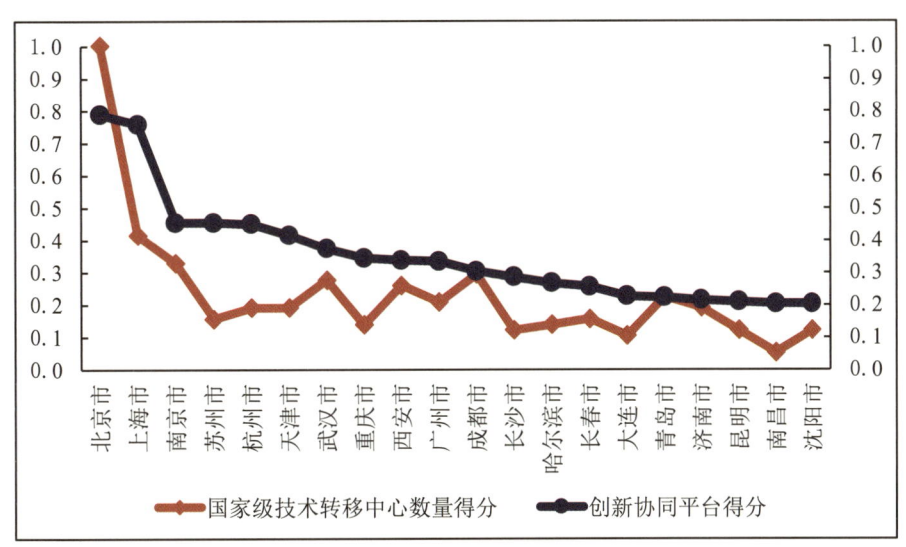

图 3-4-6 国家级技术转移中心数量得分与创新协同平台得分对比图

在国家级孵化器数量维度中,北京市和上海市排名领先(见图3-4-7)。2020年北京市和上海市是全国仅有的国家级孵化器数量超过60的两座城市。作为国家的首都,北京市拥有优质的孵化基地和孵化机构,定位是建设成为国际科技创新中心。科技部火炬中心支持北京市科技创新创业发展,也成了北京创业孵化事业发展的坚强助推力。上海市孵化器建设经历了1.0时代迈向3.0时代的蜕变,形成了"一区一业""一业特强""市区联动"独具特色的"上海模式"。在2020年度国家级科技企业孵化器考核中,上海市共有13家被评为优秀,23家被评为良好。

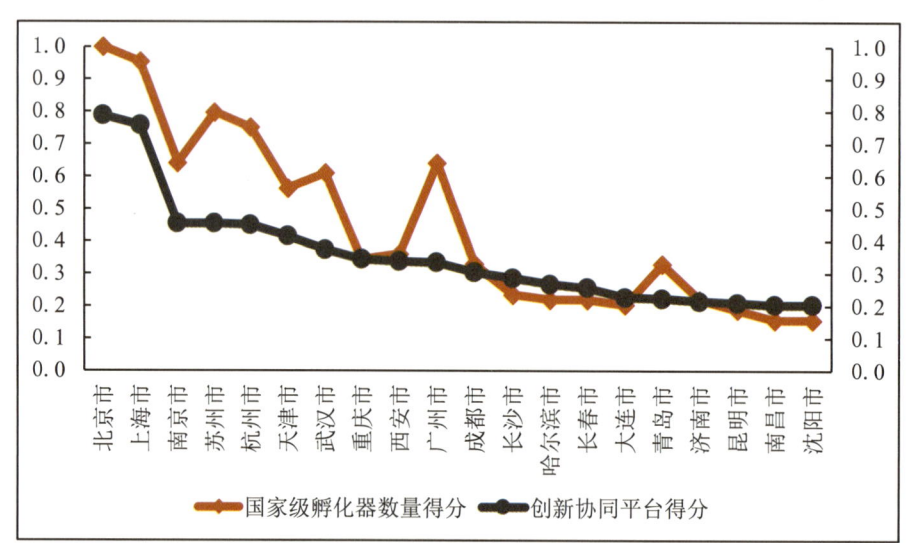

图 3-4-7 国家级孵化器数量得分与创新协同平台得分对比图

在国家级开发区数量维度中，上海市、天津市、杭州市、苏州市和重庆市处于前沿（见图 3-4-8）。以上 5 个城市中有 3 个来自长三角地区，另两个城市中一个为京津冀地区的直辖市，另一个为成渝双城经济圈中的直辖市。值得关注的是，苏州市作为国家高新技术产业基地，长三角城市群重要的中心城市之一，拥有国家级经济技术开发区 9 个、国家级高新技术产业开发区 3 个，总数位列全国第一。在国家经开区综合考核评价中，苏州工业园区连续 6 年位列全国第一，昆山经开区位列全国第五。

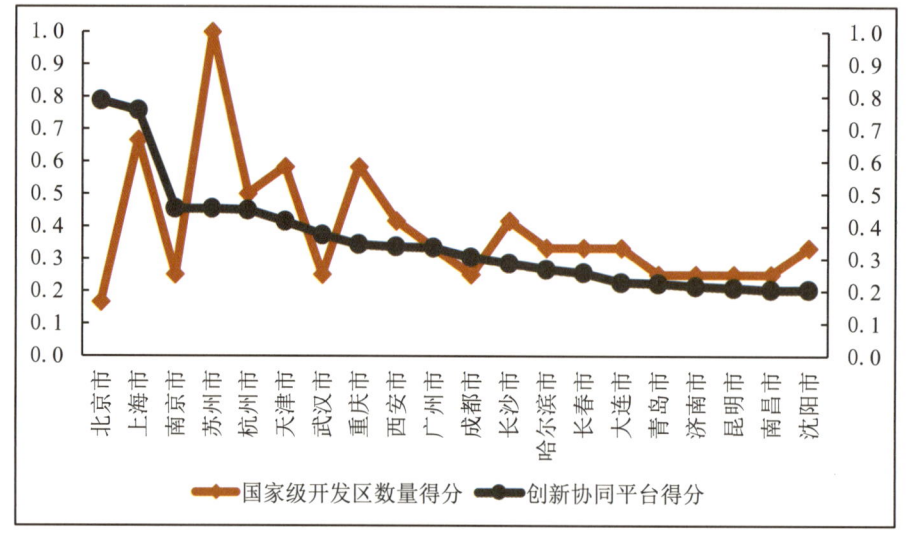

图 3-4-8 国家级开发区数量得分与创新协同平台得分对比图

在协同创新中心数量维度中,北京市、上海市、天津市、南京市处于前列(见图3-4-9)。以上4市有着丰富的高校资源,将高校资源与地方特色产业进行充分结合,是创新协同中心建设较为成功的原因。值得注意的是,苏州市和青岛市是仅有的两个协同创新中心数量分项得分低于总体得分的城市,未来还有很大的提升空间。

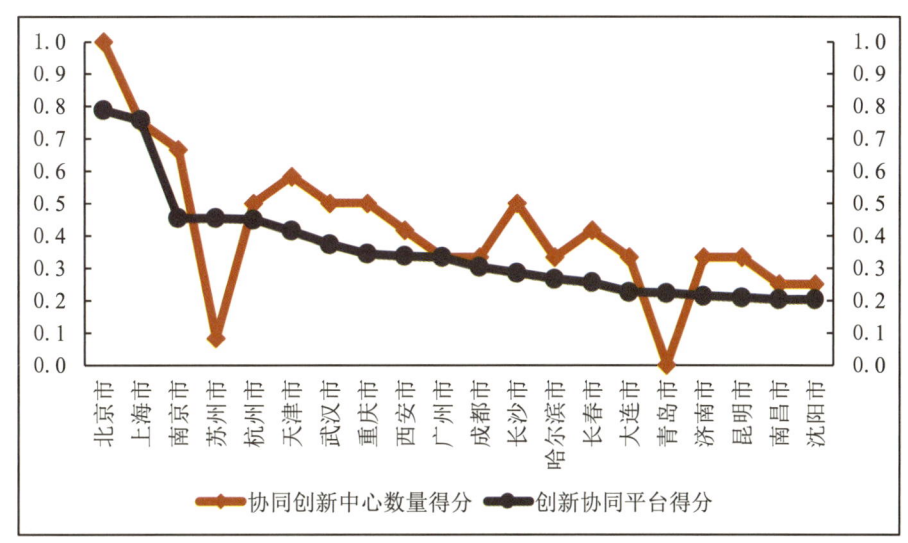

图3-4-9 协同创新中心数量得分与创新协同平台得分对比图

五、主要发现

通过对创新协同平台前20强城市在区域、梯度、位差、维度四个角度的分析,可以发现:

1. 从区域分布看,创新协同平台前20强的城市在部分区域呈现出一定的集聚效应,创新协同平台前20强城市中有4个分布在长三角地区,5个分布在环渤海地区,6个分布在中西部地区,其余区域城市分布较分散。总体与我国目前初步形成的以北京市、上海市等科技创新中心为辐射源点,以各类地方创新共同体为支撑、东西结合的协同创新格局相契合。环渤海经济圈处于东北亚经济圈中心地带,向南联系着长三角、珠三角和东南亚各国,向东沟通韩国和日本,向北连接着蒙古和俄罗斯远东地区,独特的地缘优势,为该区域国家级开发区的发展提供了优势条件。

2. 从梯度分析看，创新协同平台前 20 强城市可以分为五组。与去年相比，位于第二组的南京市、第五组的长沙市和第六组的济南市表现亮眼。南京市创新协同平台排名上升了 3 位，实现了对杭州市、苏州市和天津市的赶超。"十三五"期间南京市科技创新发展成绩斐然，在科技部火炬中心公布的 2020 年度国家级科技企业孵化器绩效评价结果中，南京市共 25 家国家级科技企业孵化器获评优秀，位列全国首位。长沙市创新协同平台排名上升了两位，实现了对哈尔滨市和长春市的赶超。近年来，长沙市积极探索"政府引导＋政策保障＋金融支撑＋全链条服务"的科技创新"长沙模式"。长沙市第十四次党代会，首次明确提出全力推动国家科技创新中心建设。济南市创新协同平台排名上升了 3 位，实现了对昆明市、沈阳市和南昌市的赶超。2020 年是"十三五"规划收官之年，也是科创中心建设实现"五年大跨越"的关键之年。2020 年济南市成立"中科院山东科技创新中心"，打造济南科技成果转移转化"1+6+N"平台；加快建设黄河技术转移中心，技术合同成交额达到 400 亿元；积极与中科院各院所对接，新引进一批大科学装置、大科学工程和科研院所落地。

3. 从位差分析看，重庆市、西安市、哈尔滨市在创新协同平台得分排名与其人均 GDP 排名上存在较大位差，创新协同平台水平明显领先经济发展水平。重庆市的创新协同平台排名较高，与其拥有丰富的创新协同中心密不可分。作为成渝双核之一，重庆市坚定实施创新驱动发展战略，布局建设重大科技基础设施和高水平创新平台。目前已引进中科院、北京大学、清华大学等国内外知名创新机构 103 家，累计建设新型研发机构 142 家，其中高端研发机构 57 家。哈尔滨市的创新协同平台排名较高，主要受益于其拥有较多的国家级大学科技园。哈尔滨工业大学等优质的高校资源为哈尔滨市国家级大学科技园的建立提供了必要条件。西安市的创新协同平台排名较高，主要原因是其国家级技术转移中心数量较多。随着《陕西百项科技成果转化项目行动计划方案》出台，西安市不断完善创新载体，着力提升科教资源创新驱动支撑能力，2020 年西安市新增国家技术中心 1 个。

4. 从维度分析看，北京市、上海市在国家级大学科技园、国家级技术转移中心和国家级孵化器和协同创新中心维度上排名领先。北京市和上海市2020年市政府工作报告中均提出要建设成为具有全球影响力的科技创新中心，并加大了科技创新配套条件的支持力度。北京市围绕"打造国际科技创新中心新引擎"这一目标，积极鼓励高校与企业、研发机构及其他组织联合建立研究开发平台、技术转移机构，共同开展研发、成果应用与推广以及相关标准的制定；充分重视大学科技园在成果转移转化中的集聚辐射和带动作用。上海市全面落实习近平总书记考察上海重要讲话精神，锚定强化科技创新策源功能主攻方向，加快培育建设了上海期智研究院、上海处理器技术创新中心等一批高水平科研机构，新增了同济大学国家大学科技园等3个国家双创示范基地。苏州市在国家级开发区维度上排名领先。苏州市拥有国家级经济技术开发区9个、国家级高新技术产业开发区3个，总数位列全国第一，发展质量和效益始终走在全国前列。在国家经开区综合考核评价中，苏州工业园区连续6年位列全国第一，昆山经开区位列全国第五。

第五章：创新协同互动前20强城市分析

城市创新协同互动主要用于反映城市创新主体之间的协同互动关系，是评价城市创新协同互动程度的重要指标，具体指标含：高校与企业合办研究机构数量、高校经费来自企事业单位、高校技术转移收入和产业集群数量4个三级指标。根据课题组测算，创新协同互动前20强城市（见表3-5-1）的区域、梯度、位差与维度分析结果如下：

表3-5-1 2022年创新协同互动前20强城市

城市	创新协同互动得分	创新协同互动排名	GDP排名	人均GDP排名	所在省市
北京市	0.7491	1	2	2	北京
南京市	0.5501	2	10	4	江苏
上海市	0.5234	3	1	7	上海
武汉市	0.4343	4	9	16	湖北
成都市	0.3697	5	7	45	四川
西安市	0.3313	6	22	54	陕西
广州市	0.3257	7	4	12	广东
济南市	0.2993	8	19	27	山东
天津市	0.2680	9	11	35	天津
重庆市	0.2542	10	5	58	重庆
杭州市	0.2282	11	8	10	浙江
长沙市	0.2090	12	15	20	湖南
深圳市	0.1717	13	3	5	广东
青岛市	0.1679	14	13	19	山东
苏州市	0.1595	15	6	6	江苏
郑州市	0.1509	16	16	36	河南
大连市	0.1448	17	29	38	辽宁
合肥市	0.1420	18	20	29	安徽
洛阳市	0.1371	19	45	63	河南
厦门市	0.1352	20	34	18	福建

注：创新协同互动得分指其包含的三级指标标准化数据均权之和。

一、区域分析

创新协同互动前 20 强的城市在部分省份呈现出一定的区域聚集性（见图 3-5-1）。城市创新协同互动得分排名前 20 强的城市中，4 个直辖市北京市、上海市、天津市和重庆市进入了前 20 强，江苏省、广东省、山东省和河南省各有两个城市入围，各占比 10%，其中含副省级城市 5 个：南京市、广州市、深圳市、济南市和青岛市；湖北省、四川省、陕西省、浙江省、湖南省、辽宁省、安徽省和福建省各有 1 个城市入围。

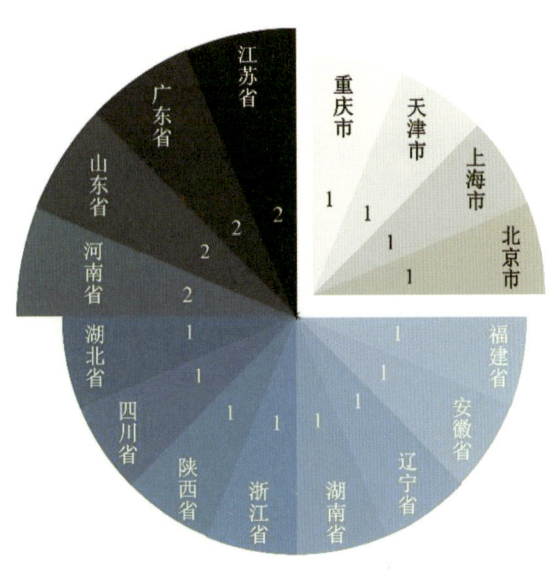

图 3-5-1 创新协同互动前 20 强城市的省份分布图

创新协同互动前 20 强城市中有 7 个分布在中西部地区、5 个分布在长三角地区、5 个分布在环渤海地区、两个分布在珠三角地区，呈现出一定的区域聚集效应（见图 3-5-2）。

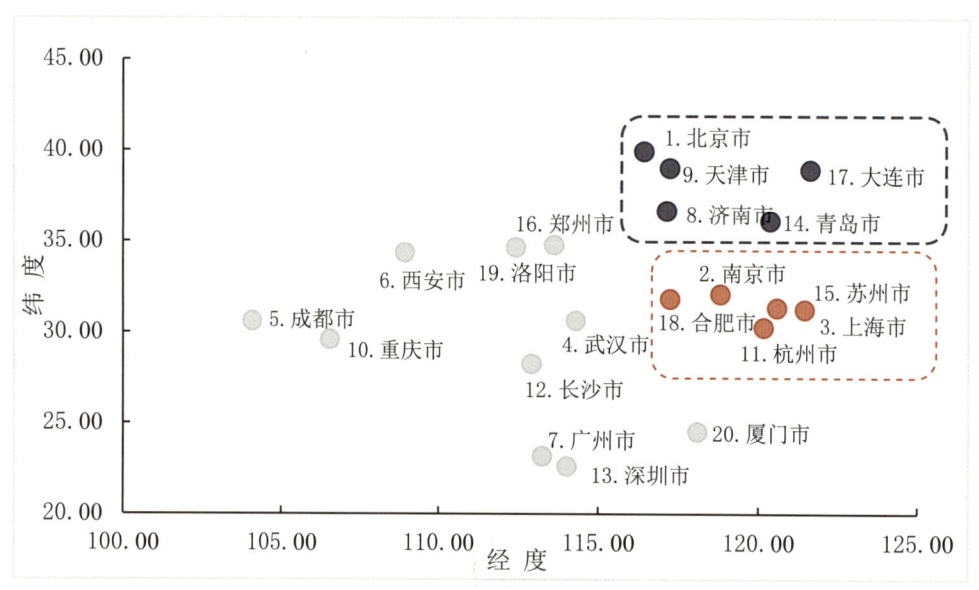

图 3-5-2 创新协同互动前 20 强城市区域分布图

环渤海地区的北京市、天津市、济南市、大连市和青岛市入围前 20 强城市，2015 年 9 月，经李克强总理签批，国务院批复同意《环渤海地区合作发展纲要》，对于加快环渤海地区合作发展，推进实施"一带一路"、京津冀协同发展等国家重大战略和区域发展总体战略具有重要意义，也充分带动了环渤海地区城市的创新协同互动水平；长三角地区入围前 20 强城市包含：上海市、南京市、杭州市、合肥市和苏州市，其中南京市和苏州市两个城市均属于江苏省；中西部地区入围前 20 强城市包含：重庆市、成都市、西安市、武汉市、长沙市、郑州市和洛阳市。

二、梯度分析

根据创新协同互动得分可见，前 20 强城市可大致分为 7 组（见图 3-5-3）。北京市属于第一组，得益于丰富的高校资源，北京市高校经费来自企事业单位得分和高校技术转移收入得分均位列全国第一，创新协同互动得分远超全国平均水平。2019 年 11 月 27 日北京市第十五届人民代表大会常务委员会第十六次会议通过了《北京市促进科技成果转化条例》，进一步促进了北京市高校技术转移的发展。南京市和上海市属于第二组，南京市和上海市均具有较好的高校资源，但其创新协同互动各有优势，南京市在高校与企业合办研究机构数量得分位列全国第一，而上海市在产业集群数量得分位列全国第一。上海市力争增强长三角产业协同，建成一批世界级产业集群。武汉市属于第三组，成都市属于第四组，第三组和第四组的得分有一定差异。2020年6月，武汉市颁布了《武汉市科技局、经信局关于推进2020年度企校联合创新中心建设的通知》，在一定程度上提高了武汉市高校与企业合办研究机构数量得分。西安市、广州市和济南市属于第五组，第五组城市间创新协同互动得分差异较小。天津市、重庆市、杭州市和长沙市属于第六组，第六组与第五组在创新协同互动得分上存在较大的差异。深圳市、青岛市、苏州市、郑州市、大连市、合肥市、洛阳市和厦门市属于第七组，第七组城市间创新协同互动得分差异较小，其中洛阳市的入围值得关注，早在2014年洛阳市就印发了《洛阳市促进产学研融合发展若干政策措施》，促进了洛阳市高校与企业合办研究机构的发展。

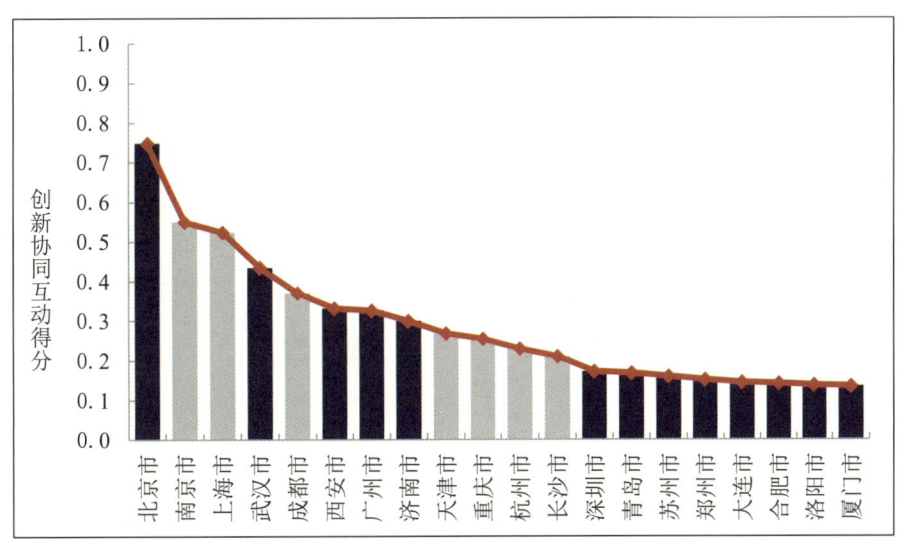

图 3-5-3 创新协同互动前 20 强城市梯度图

三、位差分析

城市创新协同互动与区域经济发展水平呈现一定的关联特征。部分城市的创新协同互动表现超越其人均 GDP 水平,例如重庆市、西安市、成都市和洛阳市。因此,课题组对比分析了城市创新协同互动排名与其 GDP 排名和人均 GDP 排名的位差。

创新协同互动前 20 强城市排名与 GDP 排名、人均 GDP 排名的位差比较结果显示:大部分城市的创新协同互动排名与 GDP 排名基本保持一致,与人均 GDP 排名之间存在一定差异。城市创新协同互动排名与城市 GDP 排名位差在 5 以内的城市有 12 个,占比 60%,其中郑州市创新协同互动排名与城市 GDP 排名位差为 0,北京市和青岛市创新协同互动排名与 GDP 排名在 1 个位差以内,上海市、成都市和合肥市创新协同互动排名与 GDP 排名在两个位差以内,广州市、杭州市和长沙市创新协同互动排名与 GDP 排名在 3 个位差以内;创新协同互动排名与人均 GDP 排名位差在 5 以内的城市有 7 个,占比 35%,分别是北京市、南京市、上海市、广州市、杭州市、厦门市和青岛市;部分城市的创新协同互动排名与人均 GDP 排名存在较大的位差,其中又以重庆市、西安市、成都市和洛阳市尤为显著。由此可见,城市创新协同互动与区域经济整体发展水平呈现一定的正相关性,与人均 GDP 相关性略小(见图 3-5-4)。

大部分城市的创新协同互动排名与 GDP 排名位差较小。郑州市创新协同互动排名与城市 GDP 排名位差为 0,北京市和青岛市创新协同互动排名与 GDP 排名在 1 个位差以内,上海市、成都市和合肥市创新协同互动排名与 GDP 排名在两个位差以内,广州市、杭州市和长沙市创新协同互动排名与 GDP 排名在 3 个位差以内。上述城市创新协同互动与区域经济发展水平表现出了较高的均衡性。创新协同互动与人均 GDP 排名在 5 个位差之内的城市有北京市、南京市、上海市、广州市、杭州市、厦门市和青岛市。部分城市的创新协同互动排名与人均 GDP 排名存在较大的位差,其中又以重庆市、西安市、成都市和洛阳市尤为显著。由此可见,城市创新协同互动与区域经济整体发展水平呈现一定的正相关性,与人均 GDP 相关性略小。

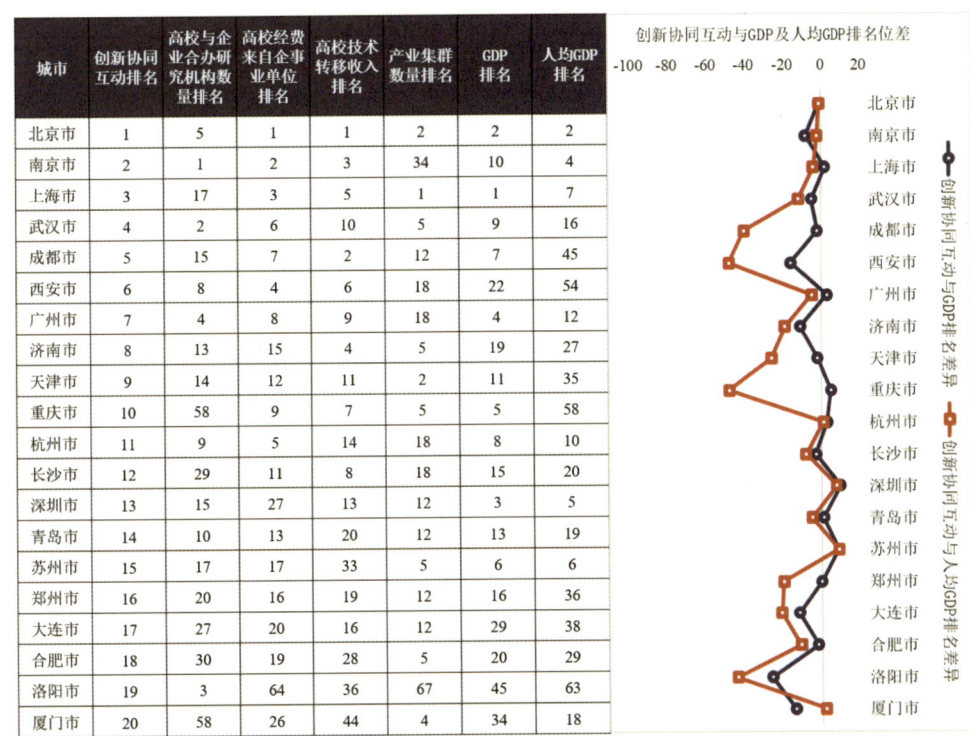

图 3-5-4 创新协同互动前 20 强排名与 GDP 排名及人均 GDP 排名的位差

四、维度分析

针对上述城市的创新协同互动差异情况，可以进一步分析其在不同维度上的比较优势。图 3-5-5 到图 3-5-8 分别展示了前 20 强城市在高校与企业合办研究机构数量、高校经费来自企事业单位、高校技术转移收入以及产业集群数量 4 个维度上的分项得分与总体得分的差异。

在高校与企业合办研究机构数量维度中，南京市得分最高，武汉市和洛阳市次之，紧接着是广州市（见图 3-5-5），这几个城市在校企合办研究机构方面表现较好。南京市建设创新名城，大力推进名校与名企合作；武汉市和广州市在推进高校与企业合办联合机构方面颁布了相关政策；洛阳市作为老工业基地，一直以来重视产学研融合的发展，出台了相关政策，促进了高校与企业合办研究机构数量；近年来，南京大学苏州校区、西北工业大学太仓校区等在苏州积极推进，促进了苏州市校企合办研究机构的发展。

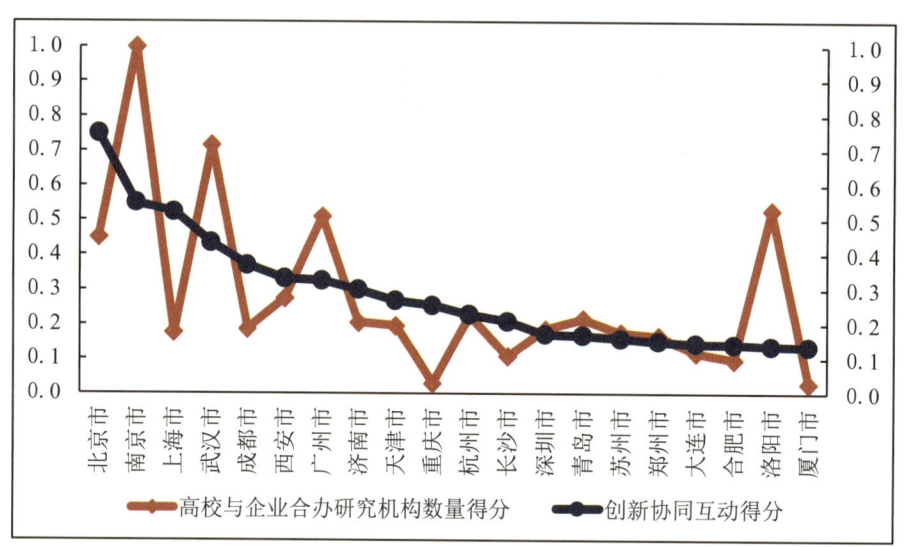

图 3-5-5 高校与企业合办研究机构数量得分与创新协同互动得分对比图

在高校经费来自企事业单位维度中，排名前 20 强城市的得分具有一定波动性，北京市得分较高（见图 3-5-6），一方面得益于北京市丰富的高校资源，另一方面，与北京市企事业单位对高校的支持力度密不可分。南京市、上海市、西安市和杭州市 4 个城市高校经费来自企事业单位得分相对较高。

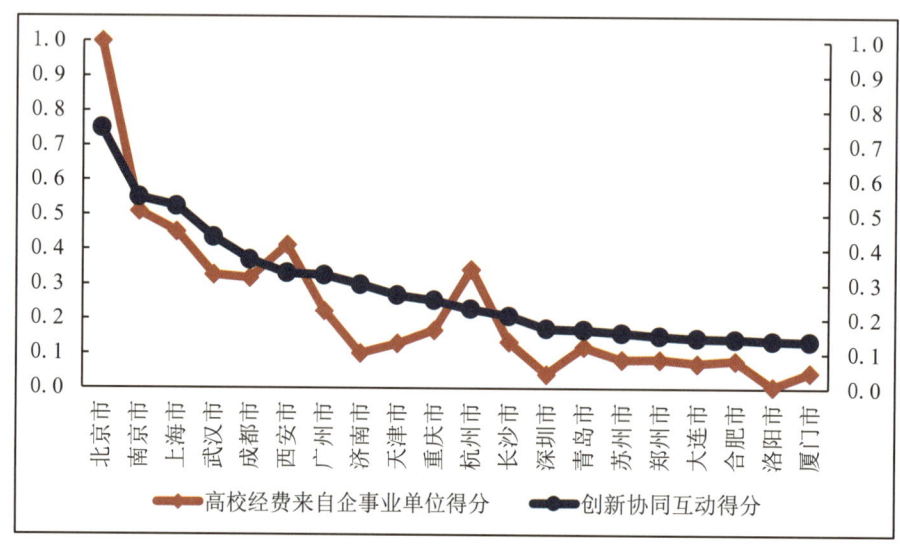

图 3-5-6 高校经费来自企事业单位比例得分与创新协同互动得分对比图

在高校技术转移收入维度中,北京市得分遥遥领先(见图3-5-7),这与其丰富的高校资源有关,且北京市充分发挥了其高校的科教优势,积极推进高校技术成果转化。相反,苏州市、洛阳市和厦门市高校技术转移收入得分排名稍靠后,值得深思。

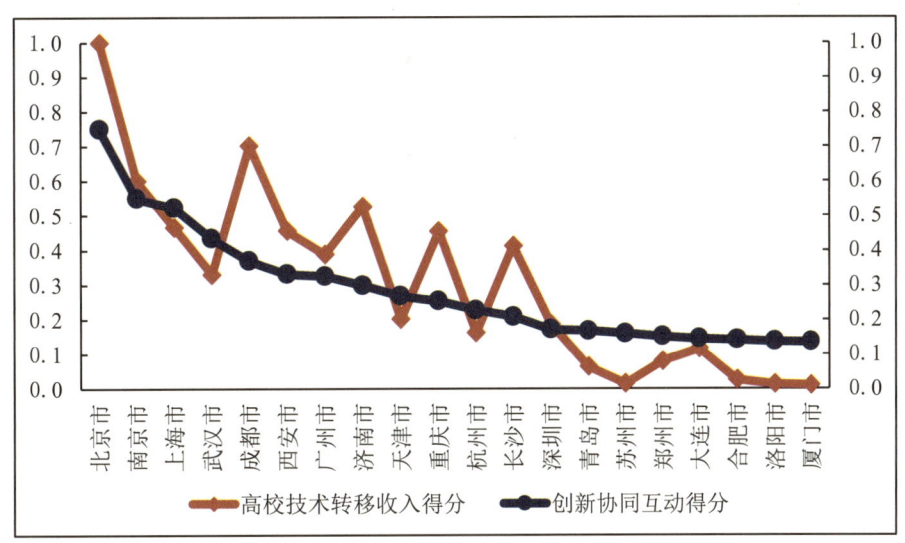

图3-5-7 高校技术转移收入得分与创新协同互动得分对比图

在产业集群数量维度中,排名前3的城市分别为上海市、北京市和天津市(见图3-5-8)。相对其他城市,这3个城市产业集群数量优势明显,值得其他城市借鉴,特别是上海市提出发挥上海产业基础和资源禀赋优势,以集成电路、生物医药、人工智能三大先导产业为引领,大力发展电子信息、生命健康、汽车、高端装备、先进材料、时尚消费品六大重点产业,构建"3+6"新型产业体系,打造具有国际竞争力的高端产业集群。产业集群数量维度中,洛阳市得分相对较低,未来的提升空间还很大。

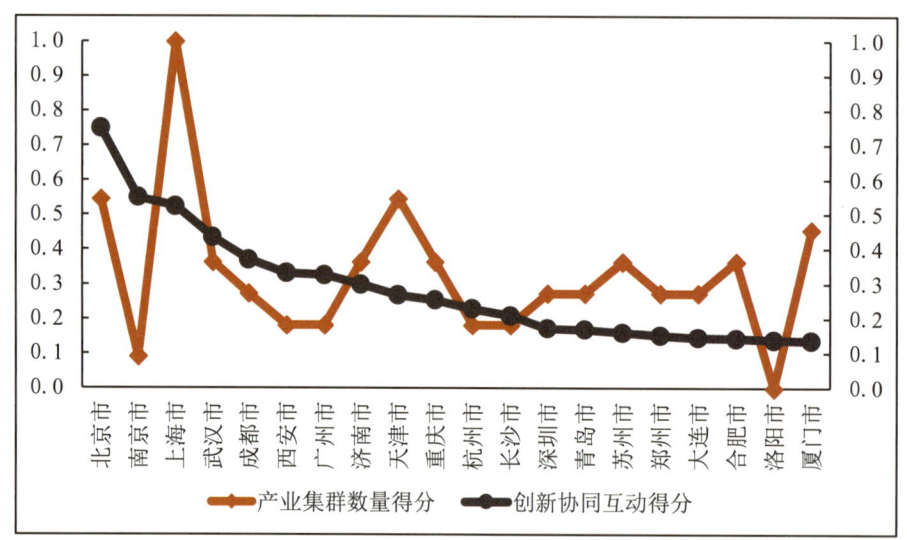

图 3-5-8 产业集群数量得分与创新协同互动得分对比图

五、主要发现

通过对创新协同互动前 20 强城市在区域、梯度、位差、维度四个角度的分析，可以发现：

1. 从区域分布看，创新协同互动前 20 强城市中有 7 个分布在中西部地区、5 个分布在长三角地区、5 个分布在环渤海地区，呈现出一定的地域聚集效应。在环渤海地区和长三角地区优越的地理位置带动区域经济发展，雄厚的经济基础推动创新技术革新，为创新主体营造良好的互动环境。由此可见，区域经济与城市创新协同互动存在着一定的关联性。

2. 从梯度分析看，创新协同互动前 20 强城市可分为 7 个组。北京市属于第一组，超过我国其他城市创新协同互动水平，北京市充分利用高校资源，促进高校技术成果转化，政策扶持重点产业技术，大力发展产业集群。南京市和上海市属于第二组，其中，南京市的进步明显，创新协同互动排名从 2020 年的第四位进步到 2021 年的第三位，再到 2022 年的第二位，仅次于北京市。武汉市属于第三组，武汉市近年来依托"光谷"打造"芯屏端网"产业集群，2022 年比 2021 年创新协同互动排名上升 2 位，2021 年比 2020 年排名上升4位，每年均有一定进步。成都市属于第四组，西安市、广州市和济南市属于第五组，天津市、重庆市、杭州市和长沙市属于第六组，深圳市、青岛市、苏州市、郑州市、大连市、合肥市、洛阳市和厦门市属于第七组，其中洛阳市的入选值得关注。

3. 从位差分析看，城市创新协同互动与区域经济发展水平呈现一定的关联，城市创新协同互动排名与GDP排名位差较小，与人均GDP排名之间存在一定差异。在一定意义上说明城市创新协同互动与城市经济规模有一定关系，与人均GDP关系不够密切。西安市和重庆市表现尤为突出，西安市创新协同互动排名在第六位，而人均GDP排名为第五十四位；重庆市创新协同互动排名在第十位，而人均GDP排名为第五十八位，这与两个城市较为丰富的高校资源有关。郑州市创新协同互动排名与GDP排名位差为0，北京市和青岛市创新协同互动排名与GDP排名在1个位差以内，其创新协同互动与其区域经济发展水平较均衡。

4. 从维度分析看，南京市在校企合办研究机构方面遥遥领先，在当地政府支持下，南京市不断提升校企合作水平，高校与企业合办研究机构数量攀升。北京市在高校经费来自企事业单位维度表现优异，这与北京市丰富的高校资源和北京市企事业单位对高校的支持力度密不可分。北京市在高校技术转移收入维度得分遥遥领先，北京市在高校技术转移方面的做法值得其他城市学习借鉴。产业集群数量维度方面，上海市一直着力打造具有国际竞争力的高端产业集群，相应支持政策被写入《上海市先进制造业发展"十四五"规划》。

第六章：创新国际合作前20强城市分析

创新国际合作主要用于反映城市积极融入全球创新网络、深化"引进来、走出去"国际化战略的重要表现。具体指标含外商投资企业（含港澳台投资企业）、当年实际使用外资金额和境外注册专利数量。根据课题组测算，创新国际合作前 20 强城市（见表 3-6-1）的区域、梯度、位差与维度分析结果如下：

表 3-6-1　2022 年创新国际合作前 20 强城市

城市	创新国际合作得分	创新国际合作排名	GDP 排名	人均 GDP 排名	所在省市
深圳市	0.5797	1	3	5	广东省
上海市	0.4919	2	1	7	上海市
苏州市	0.4043	3	6	6	江苏省
成都市	0.3720	4	7	47	四川省
东莞市	0.3550	5	24	43	广东省
北京市	0.3292	6	2	2	北京市
广州市	0.1802	7	4	12	广东省
厦门市	0.1768	8	34	19	福建省
杭州市	0.1417	9	8	10	浙江省
宁波市	0.1381	10	12	14	浙江省
青岛市	0.1355	11	13	20	山东省
佛山市	0.1352	12	17	25	广东省
泉州市	0.1318	13	18	24	福建省
天津市	0.1295	14	11	36	天津市
无锡市	0.1254	15	14	1	江苏省
武汉市	0.1234	16	9	16	湖北省
重庆市	0.1096	17	5	60	重庆市
南京市	0.1090	18	10	4	江苏省
惠州市	0.1086	19	54	74	广东省
嘉兴市	0.1039	20	41	35	浙江省

注：创新国际合作得分指其包含的三级指标标准化数据均权之和。

一、区域分析

创新国际合作前 20 强的城市主要分布在我国东南沿海地区、环渤海地区以及中西部地区（见图3-6-1）。广东省入围的城市最多，占5席，占比高达25%，含副省级城市2个：广州市和深圳市；江苏省和浙江省入围的城市各占3席，分别占比15%。其中，江苏省含副省级城市1个：南京市；浙江省含副省级城市两个：杭州市和宁波市；福建省入围的城市占两席，占比10%，含副省级城市1个：厦门市。此外，四川省、湖北省和山东省各有1个城市入选。4个直辖市北京市、上海市、天津市和重庆市均进入了前20强。

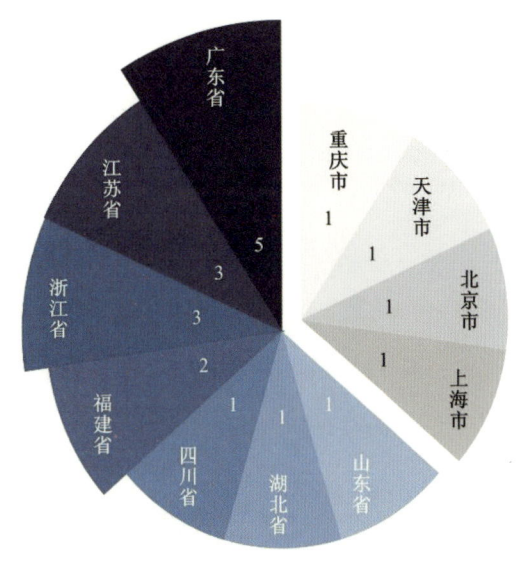

图3-6-1 创新国际合作前20强城市的省市分布图

创新国际合作前20强城市中7个分布在长三角地区，5个分布在珠三角地区，其他城市分布在环渤海地区和中西部地区（见图3-6-2）。

长三角地区入围前20强的城市包含：上海市、南京市、杭州市、苏州市、宁波市、无锡市和嘉兴市。上海市是长三角地区的龙头城市，国家经济、科技中心城市；南京市和杭州市分别是江苏省和浙江省的省会城市；苏州市作为"最强地级市"，其外资总部经济规模一直位居长三角地区前列；宁波市是国家计划单列市之一，同时是长三角南翼经济中心；无锡市和嘉兴市同为长三角地区重要中心城市。

珠三角地区入围前20强的城市包含：广州市、深圳市、东莞市、佛山市和惠州市。其中广州市是广东省的省会城市，是国际商贸中心；深圳市是国家计划单列市，广东省副省级市、超大城市以及5个经济特区之一，是科技创新中心，PCT国际专利申请量连续多年领跑全国；东莞市是珠三角东岸中心城市，具有"世界工厂"之称，吸引了大量的外资企业进驻，成就了东莞"世界造"的美誉；佛山市是珠三角地区西翼经贸中心。以上城市的入榜与其城市经济体量实力相符。惠州市在国内的GDP排名为第五十四名，但其创新国际合作排名跻身前20强，值得重点关注。

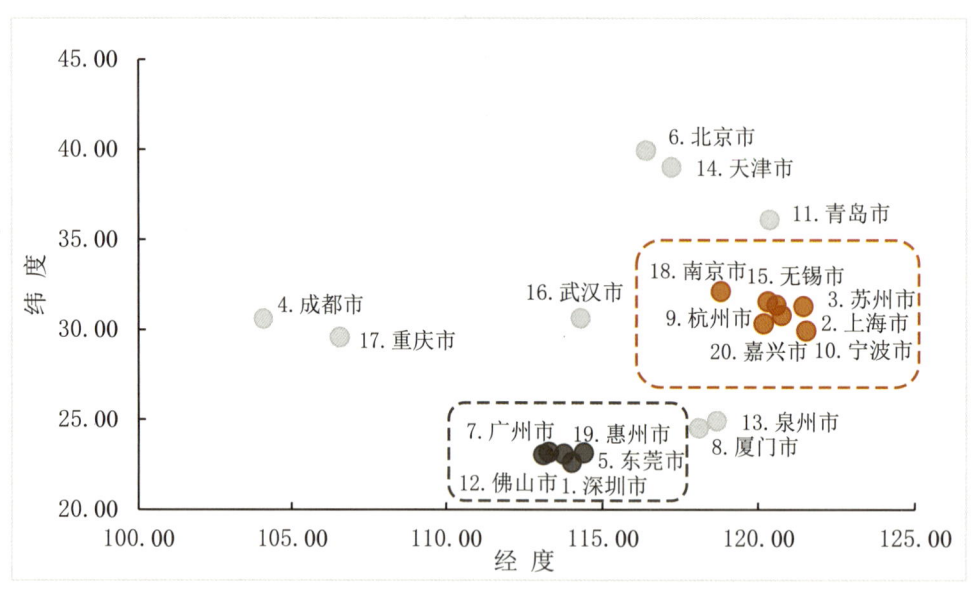

图3-6-2 创新国际合作前20强城市区域分布图

二、梯度分析

根据创新国际合作标准得分可见，前20强城市可分为5个组（见图3-6-3）。深圳市和上海市共两个城市属于第一组，得分遥遥领先。深圳市地处粤港澳大湾区核心位置，拥有全国最发达的科技产业集群，企业总部云集，经济活力四射，创新能力全球领先。上海市是中国内地最好的对外窗口，吸引众多的外资、外企，辐射整个长三角经济圈。北京市、成都市、苏州市和东莞市共4个城市属于第二组,与第一组的得分差距较大。作为西部的头部城市,成都市全力优化营商环境,构建高品质营商环境,不断升级创新国际合作平台,进一步加强创新国际合作交流。广州市和厦门市共两个城市属于第三组,与第二组的得分差距较大。天津市、杭州市、武汉市、宁波市、青岛市、无锡市、佛山市和泉州市共8个城市属于第四组,组内城市间得分相近,且与第三组的得分差距小于第四组与第三组的得分差距。重庆市、南京市、惠州市和嘉兴市共4个城市属于第五组,与第四组的得分差距明显缩小。

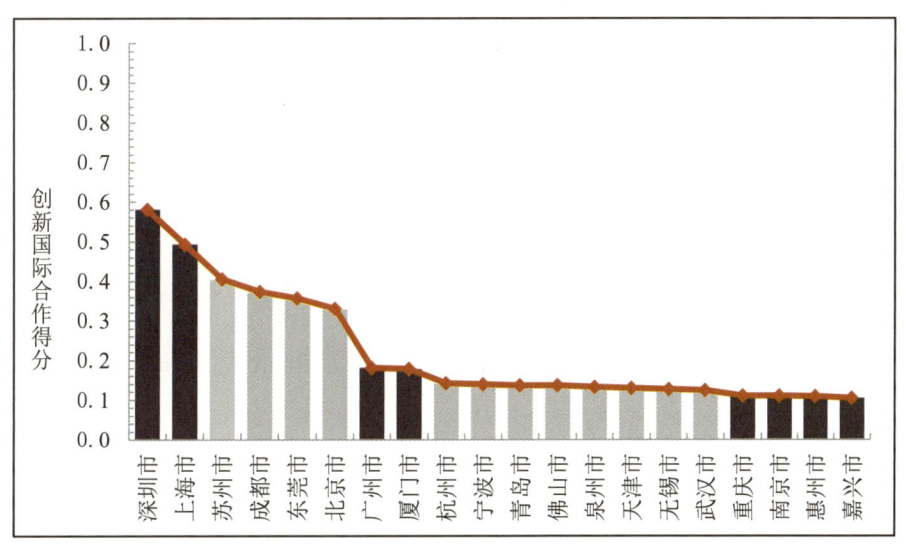

图3-6-3 创新国际合作前20强城市梯度图

三、位差分析

各城市创新国际合作与区域经济发展水平呈现比较明显的关联特征。创新国际合作前20强城市排名与GDP排名、人均GDP排名的位差比较结果显示:大部分城市的创新国际合作排名与GDP排名、人均GDP排名保持一致或略有差别,且与人均GDP的排名差异大于与GDP的排名差异(见图3-6-4)。

城市	创新国际合作排名	外商投资企业排名	当年实际使用外资金额排名	境外注册专利数量排名	GDP排名	人均GDP排名
深圳市	1	4	7	1	3	5
上海市	2	3	2	3	1	7
苏州市	3	1	14	5	6	6
成都市	4	31	1	12	7	45
东莞市	5	2	48	4	24	41
北京市	6	20	4	2	2	2
广州市	7	6	11	9	4	12
厦门市	8	17	3	16	34	18
杭州市	9	15	10	7	8	10
宁波市	10	5	32	15	12	14
青岛市	11	12	12	8	13	19
佛山市	12	10	20	11	17	24
泉州市	13	7	19	40	18	23
天津市	14	9	16	21	11	35
无锡市	15	8	24	17	14	1
武汉市	16	29	5	10	9	16
重庆市	17	26	6	22	5	58
南京市	18	22	21	6	10	4
惠州市	19	14	13	29	54	69
嘉兴市	20	11	30	34	41	34

图 3-6-4 创新国际合作前 20 强排名与 GDP 排名及人均 GDP 排名的位差

北京市、上海市、天津市、广州市、深圳市、杭州市、宁波市、成都市、青岛市、苏州市、无锡市、佛山市和泉州市共 13 个城市创新国际合作排名与 GDP 排名相差在 5 个位差以内。其中，北京市、上海市、天津市、广州市、杭州市和无锡市的 GDP 排名略高于其创新国际合作排名，其余城市的创新国际合作排名略高于其 GDP 排名。武汉市创新国际合作排名与人均 GDP 排名完全一致，深圳市、上海市、苏州市、北京市、广州市、杭州市和宁波市创新国际合作排名与人均 GDP 排名相差在 5 个位差以内。其余城市的创新国际合作排名与人均 GDP 排名存在较大差异，其中又以天津市、重庆市、成都市、东莞市和惠州市较为显著，以上 5 个城市的创新国际合作水平明显领先于其经济发展水平，值得重点关注。

东莞市、厦门市、惠州市和嘉兴市4个城市创新国际合作水平显著高于经济发展水平，其中东莞市作为珠三角国家自主创新示范区，拓展与世界各国各地区的科技合作，着力打造高层次的国际科技交流合作平台，推动企业的技术创新和产业的优化升级；厦门市每年举行国际投资贸易洽谈会，以"引进来"和"走出去"为主题，促进双向投资活动并取得良好成效；惠州市拥有独特的市场优势，是创新要素和创新型产业高度聚集的地区，创新实力突出，为创新国际合作提供了坚实基础；嘉兴市持续加强政策研究和机制创新，与国内外人才和科研机构的合作共建高水平研究平台，依托产业集聚区配套完整的产业链，营造国际一流的创新生态系统。

四、维度分析

针对上述城市的创新国际合作差异情况，可进一步分析其在不同维度上的比较优势。图3-6-5至图3-6-7分别展示了创新国际合作前20强城市在外商投资企业、当年实际使用外资以及境外注册专利3个维度上的分项得分与总体得分的差异。

在外商投资企业维度中，上海市、深圳市、苏州市和东莞市得分比较靠前（见图3-6-5）。深圳市和上海市作为改革开放的前沿城市，是外资企业率先踏足的热土。随着改革开放的不断深化和营商环境的持续改善以及独特的产业链和供应链优势，上海市和深圳市成了吸引外商的"强磁场"，备受美国特斯拉、德国大众汽车、日本佳能、香港汇丰银行等世界500强企业的青睐。面对复杂严峻的外部环境，苏州市倾力打造"4S"国际版营商服务品牌，以最优营商环境带动苏州市开放型经济稳中有进，拥有德国西门子、韩国三星电子、美国霍尼韦尔、日本富士通等国际知名企业。东莞市创新招引举措，组建了市镇两级外资招引工作专班，建立外资招引工作机制，形成市镇联动合力，营造浓厚外资招商氛围。

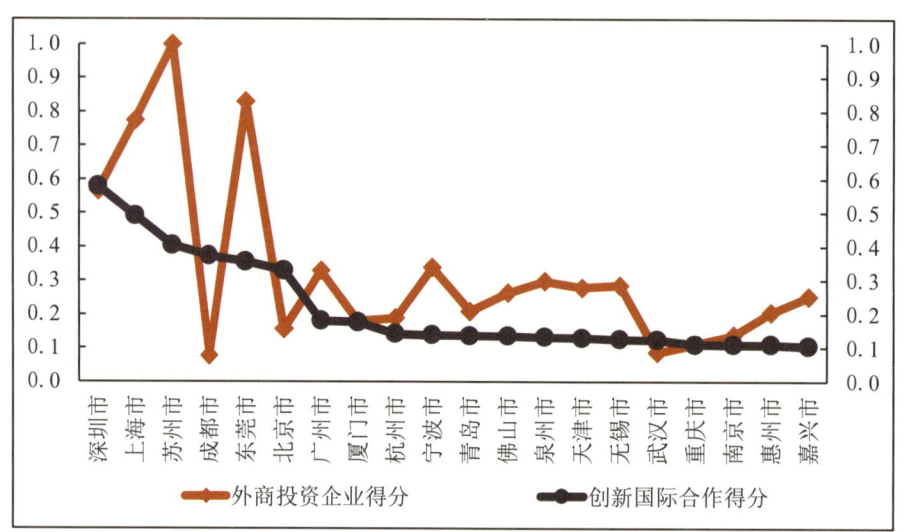

图 3-6-5 外商投资企业得分与创新国际合作得分对比图

在当年实际使用外资金额维度中,北京市、上海市、成都市、武汉市和厦门市排名较前(见图 3-6-6)。值得注意的是,除成都市、厦门市、武汉市和重庆市 4 个城市以外,其余 16 个城市的当年实际使用外资金额得分均小于创新国际合作得分,说明该维度是目前大部分城市亟须突破的"关键点"。新冠疫情对全球社会和经济的冲击是近百年来罕见的,致使全球对外投资遭受重创。联合国贸易和发展会议发布的《全球投资趋势监测报告》显

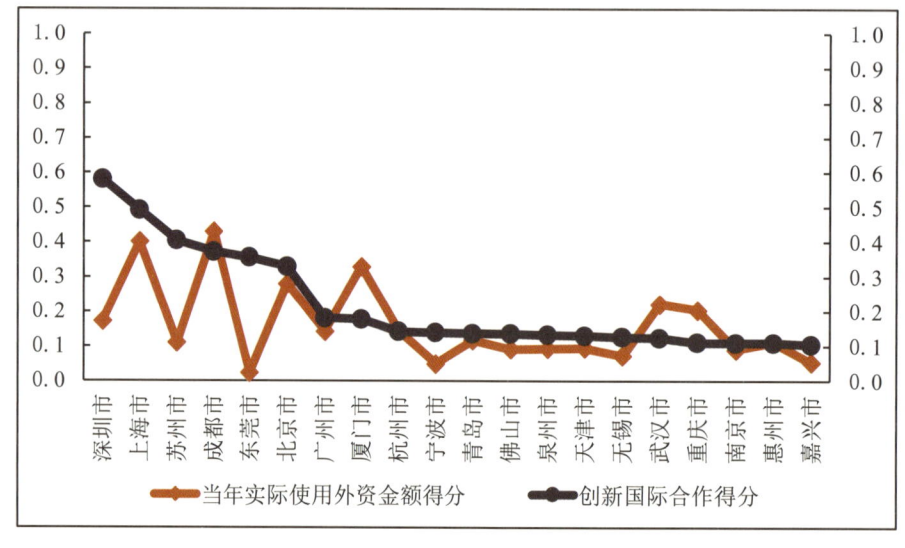

图 3-6-6 当年实际使用外资金额得分与创新国际合作得分对比图

示,2020年全球外国直接投资(FDI)总额骤减42%。未来各城市应围绕"稳住外贸外资基本盘"部署,推出一系列稳外资政策,包括进一步缩减外资准入负面清单、持续优化外商投资环境等,加大对外开放力度,增强对外资的吸引力。

在境外注册专利数量维度中,深圳市和北京市处于绝对领先地位(见图3-6-7)。深圳市汇聚了华为、腾讯、大疆、比亚迪等高科技企业,在5G技术、互联网、无人机、新能源汽车等方面创新能力处于世界前沿。近年来,深圳市高科技企业积极推进国际专利申请和注册,成为深圳市知识产权创造与产业发展的主要贡献者。北京市知识产权局发布《北京市知识产权资助金管理办法(试行)》,大力支持企业加大知识产权国际布局。除上述两个城市外,其余18个城市的境外注册专利数量得分均小于创新国际合作得分,说明未来各城市应加快海外知识产权布局,积极融入全球创新网络。

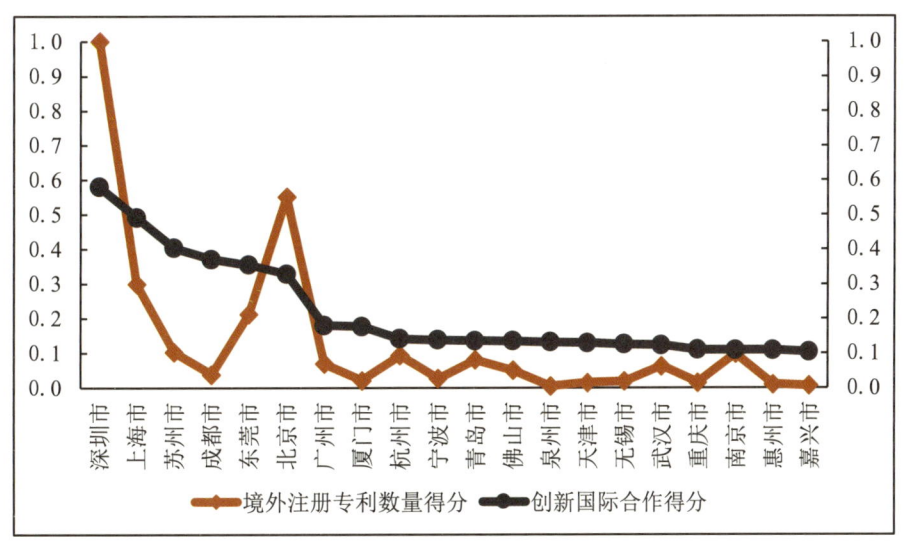

图3-6-7 境外注册专利数量得分与创新国际合作得分对比图

五、主要发现

通过对创新国际合作前20强城市在区域、梯度、位差、维度四个角度的分析,可以发现:

1. 从区域分布看，创新国际合作前 20 强城市在长三角地区、珠三角地区呈现出明显的集聚效应，其中 7 个城市分布在长三角地区，5 个城市分布在珠三角地区。长三角和珠三角是我国对外开放的前沿阵地，是当前创新发展的先导地区。北京市、上海市、天津市和重庆市 4 个直辖市也均在前 20 强榜单内。创新国际合作，实现互利共赢是国内国际"双循环"新发展格局中的重要一环。习近平总书记在中国科学院第十九次院士大会、中国工程院第十四次院士大会上提出："深度参与全球科技治理，贡献中国智慧，着力推动构建人类命运共同体。"将创新国际合作前 20 强城市区域分布情况与国家发展政策导向结合分析发现，政策导向对城市创新国际合作水平的发展具有重要的促进作用。

2. 从梯度分析看，创新国际合作前 20 强城市可以分为五个组。深圳市和上海市属于第一组，具有明显优势，引领作用凸显。北京市、成都市、苏州市和东莞市，属于第二组。其余三组的创新国际合作得分差异较小。改革开放以来，深圳市不断优化的营商环境、坚持高水平对外开放和秉持合作共赢的理念以及独特的产业链供应链优势，让其长期成为外商投资的热土。在深圳市吸收的外资中，服务业占比高、增长快，信息传输、软件和信息技术服务业增速明显是其一大亮点。在投资来源地方面，与深圳仅一河之隔的香港仍占主导地位。上海市深化贯彻落实外商投资法，对标 RCEP、CPTPP、中欧投资协定等国际高标准经贸协定，持续推进浦东新区、上海自贸试验区及临港新片区、虹桥国际开放枢纽等重点区域探索更宽领域更深层次开放，出台《上海市外商投资企业投诉办法》，实现外商投资企业权益保护工作制度化、规范化；作为西部的崛起的标杆，成都市将 2019 年明确为"国际化营商环境建设年"，此后将目标定位于打造国际门户枢纽，建成内陆开放型经济高地，充分体现了成都市对引进更大规模外资的决心。苏州市全力打造"长三角地区乃至全国知名外资总部经济特色集聚区"，持续在地区利用外资稳量提质增效和开放型经济上先行一步。

3. 从位差分析看，前 20 强城市中大部分城市创新国际合作排名与 GDP 排名表现出明显的一致性，珠三角和长三角等区域经济发达地区的创新国际合作水平相对较高。由此说明，经济发展水平与创新国际合作之间有着较强的相关性。值得注意的是，武汉市、成都市作为典型的中西部城市，在创新国际合作中有着亮眼的表现。中西部内陆城市，在吸引外资上，与东部沿海地区相比，本来就处于相对的劣势状态。外资在进入中国的过程中，实际上也有着一个明显的由沿海到内陆的路线图，可以说，长三角、珠三角地区能够取得如今的成绩，以及上海市、深圳市、苏州市这样的代表性城市的崛起，都与外资的支撑密不可分。对于外资的利用程度，往往决定一座城市的发展上限。作为中西部的头部城市，成都市、武汉市要真正实现城市能级的再跨越，创新国际合作是必须要迈过的一个坎儿。而外资利用规模，正是最重要的指标之一。近年来，成都市和武汉市也采取了一系列针对性措施。武汉市发布《进一步扩大利用外资促进经济高质量发展的若干措施》，成都市发布《成都市促进外资外贸稳定发展行动方案（2020—2022年）》，两者均以问题为导向，有针对性地提出了"支持外商投资企业引进海外高端人才""鼓励中介机构引进外商投资项目"等政策措施，强调内外资企业平等地位、提升外资发展质量和投资保护水平，同时进一步完善要素保障体系和招商引资的工作机制。

4. 从维度分析看，在外商投资企业维度中，上海市、深圳市、苏州市和东莞市得分比较靠前。在当年实际使用外资金额维度中，北京市、上海市、成都市、武汉市和厦门市排名较前。在国际国内环境超预期变化的形势下，一方面，上述城市坚持推进吸引外资以及稳定外资相关举措，积极改善营商环境，稳步推动经济循环顺畅进行，因而吸引外商、外资不断加码。另一方面，中国不断增长的巨大内需市场也极大提升了在华外企的全球业绩，成为他们持续加大在中国投资的动力。中国第一家外商独资车企特斯拉在上海自贸区的超级工厂2019年从建厂到投产，仅用不到一年时间。特斯拉年度销售报告显示，2020年，特斯拉共生产和交付了约50万辆电动车，交付量同比增长36%，其中大部分增量源于中国市场。在境外注册专利数量维度中，北京市、深圳市处于绝对领先地位。近年来以上两座城市坚持高标准推动创新事业发展，促进专利的高质量创造、高水平保护、高效益运用，同时深化国际交流，积极参与全球创新，深度融入全球创新网络。三个维度比较而言，排名前20强的城市中，表征引进来的指标"外商投资企业数量""当年实际使用外资金额"优于表征走出去的指标"境外注册专利数量"的表现。可见，创新国际合作"双循环"中外循环的质量还有很大提升空间。

第七章：创新投资环境前20强城市分析

城市创新投资环境主要用于反映培育创新活动和创新企业的硬环境和软环境，是提升城市创新能力的重要基础和保障。具体指标含：VC/PE 数量、五星级酒店数量、国家级自贸区数量、海关特殊监管区域数量、全员劳动生产率、进出口贸易总额、人均 GDP。根据课题组测算，创新投资环境前20强城市（见表3-7-1）的区域、梯度、位差与维度分析结果如下：

表3-7-1　2022年创新投资环境前20强城市

城市	创新投资环境得分	创新投资环境排名	GDP 排名	人均 GDP 排名	所在省市
上海市	0.8420	1	1	7	上海市
深圳市	0.7144	2	3	5	广东省
北京市	0.7063	3	2	2	北京市
苏州市	0.6361	4	6	6	江苏省
广州市	0.5214	5	4	12	广东省
青岛市	0.4660	6	13	19	山东省
南京市	0.4612	7	10	4	江苏省
重庆市	0.4456	8	5	58	重庆市
武汉市	0.4317	9	9	16	湖北省
天津市	0.4260	10	11	35	天津市
珠海市	0.4219	11	72	9	广东省
厦门市	0.4217	12	34	18	福建省
杭州市	0.4147	13	8	10	浙江省
成都市	0.4031	14	7	45	四川省
宁波市	0.4023	15	12	14	浙江省
福州市	0.3849	16	22	21	福建省
济南市	0.3525	17	19	27	山东省
烟台市	0.3497	18	25	28	山东省
大连市	0.3495	19	29	38	辽宁省
郑州市	0.3440	20	16	36	河南省

注：创新投资环境得分指其包含三级指标标准化数据均权之和。

一、区域分析

创新投资环境前20强城市在部分省份呈现出一定的聚集效应（见图

3-7-1)。广东省和山东省入围的城市占比最高,各占3席,分别占比15%,其中广东省含副省级城市两个:广州市和深圳市;山东省含副省级城市两个:济南市、青岛市。江苏省、浙江省和福建省入围城市各占两席,分别占比10%,其中江苏省含副省级城市1个:南京市;浙江省含副省级城市两个:杭州市和宁波市;福建省含副省级城市1个:厦门市。另外,河南省、辽宁省、四川省和湖北省各有1个城市入围。4个直辖市北京市、上海市、重庆市和天津市均进入了前20强。相较于上一年,创新投资环境前20强的绝大多数城市持续保持优势。宁波市是唯一新进20强的城市,其入围值得进一步分析。

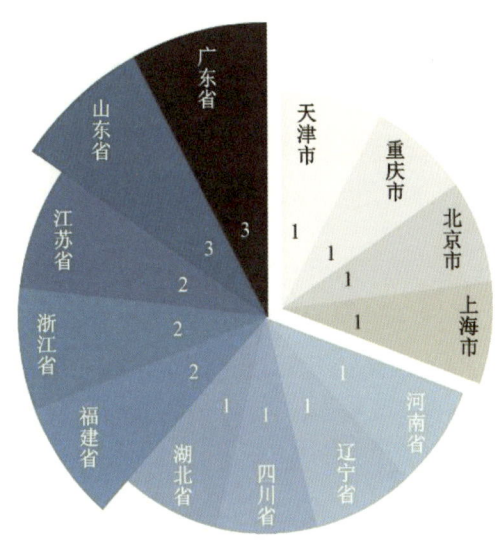

图 3-7-1 创新投资环境前 20 强城市的省市分布图

创新投资环境前20强城市在东部沿海地区呈现出集聚效应(见图3-7-2)。其中北京市、天津市、大连市、济南市、青岛市和烟台市位于"环渤海经济圈",上海市、杭州市、宁波市、南京市和苏州市位于长三角地区,广州市、深圳市和珠海市位于珠三角地区。创新投资环境前20强城市区域分布与其经济发展水平之间存在一定的相关性。

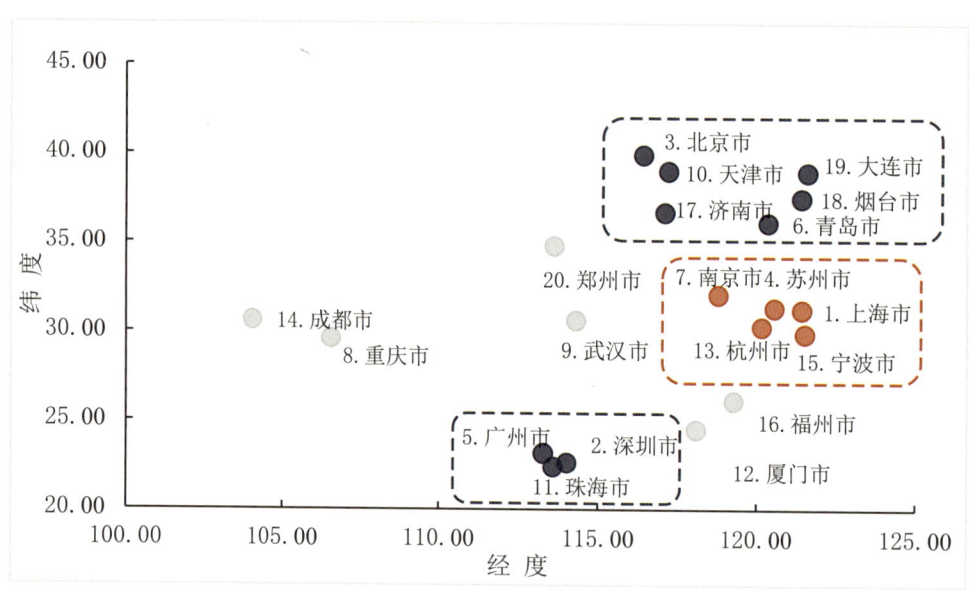

图 3-7-2 创新投资环境前 20 强城市的区域分布图

二、梯度分析

根据创新投资环境得分将前 20 强城市大致可分为 6 个组（见图 3-7-3）。上海市属于第一组，得分最高。北京市、深圳市属于第二组，两者的得分较为接近，与去年相对比北京市与深圳市的排名进行了互换，但是总体得分变化较小。苏州市属于第三组，且与第一组的上海市之间的差异进一步地减小。前三组得分呈现阶梯式的下降。广州市属于第四组。重庆市、天津市、青岛市、南京市、武汉市、杭州市、厦门市、成都市、珠海市、宁波市和福州市 11 个城市属于第五组，第五组与第四组的得分差异相比于第三组与第二组的差异明显缩小，且组内的得分较为接近，与往年相比较，组间差异进一步缩小。济南市、大连市、郑州市和烟台市 4 个城市属于第六组，第六组与第五组的得分差异小于第四组与第三组的得分差异。北京市、上海市、广州市、深圳市和苏州市创新投资环境得分位居全国前列，在城市创新投资环境营造模式上值得借鉴。

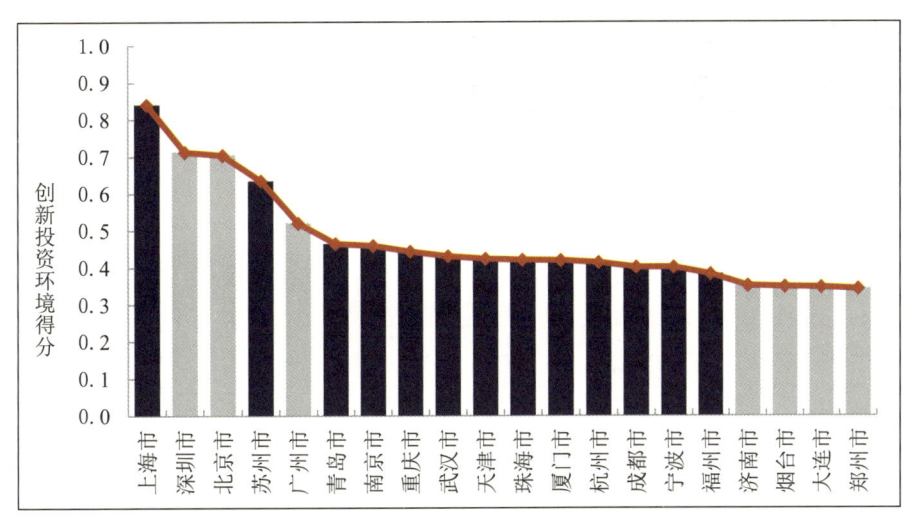

图 3-7-3 创新投资环境前 20 强城市梯度图

三、位差分析

城市创新投资环境与区域经济发展水平呈现出高度的关联特征。创新投资环境前 20 强城市排名与 GDP 排名、人均 GDP 排名的位差比较结果显示：大部分城市的创新投资环境排名与 GDP 排名、人均 GDP 排名保持一致或略有差别（见图 3-7-4）。

上海市和武汉市的创新投资环境排名与其 GDP 排名完全一致，城市均衡度很高。北京市、天津市、重庆市、广州市、深圳市、杭州市、宁波市、南京市、苏州市、济南市和郑州市 11 个城市的均衡度也较高，排名相差在 5 个位差以内。其中，北京市、重庆市、广州市、成都市、杭州市、宁波市和郑州市共 7 个城市的 GDP 排名略高于其创新投资环境排名，其余城市创新投资环境排名均高于其 GDP 排名。

珠海市、厦门市、大连市和郑州市的创新投资环境水平明显领先于其经济发展水平，与去年同期相比较珠海市的创新投资环境得分与人均 GDP 之间的排名差异进一步拉大，值得重点关注。珠海市作为大湾区的重要极点，致力建设成为粤港澳大湾区重要门户枢纽、珠江口西岸核心城市和沿海经济带高质量发展典范。珠海市正面临着重大发展机遇，具有良好的创新投资环境。

城市	创新投资环境排名	VC/PE数量排名	五星级酒店数量排名	国家级自贸区数量排名	海关特殊监管区域数量排名	全员劳动生产率排名	进出口贸易总额排名	GDP排名	人均GDP排名
上海市	1	4	1	1	1	60	1	1	7
深圳市	2	1	6	1	6	76	2	3	5
北京市	3	2	3	1	16	85	3	2	2
苏州市	4	8	5	1	2	40	4	6	6
广州市	5	7	9	1	4	62	7	4	12
青岛市	6	9	13	1	6	21	12	13	19
南京市	7	11	7	1	24	38	15	10	4
重庆市	8	21	8	1	3	42	11	5	58
武汉市	9	15	16	1	10	14	24	9	16
天津市	10	12	21	1	4	74	8	11	35
珠海市	11	6	38	1	10	93	23	72	9
厦门市	12	14	13	1	10	84	10	34	18
杭州市	13	3	2	31	24	75	14	8	10
成都市	14	13	4	1	10	100	9	7	45
宁波市	15	5	11	31	6	31	6	12	14
福州市	16	20	22	1	10	52	25	22	21
济南市	17	17	34	1	16	47	40	19	27
烟台市	18	41	38	1	24	10	21	25	28
大连市	19	50	36	1	10	43	19	29	38
郑州市	20	24	27	1	16	69	17	16	36

图 3-7-4 创新投资环境前 20 强排名与 GDP 排名及人均 GDP 排名的位差

四、维度分析

在上述城市创新投资环境差异分析的基础上，进一步剖析其在不同维度上的比较优势。图 3-7-5 至图 3-7-11 分别展示了前 20 强城市在 VC/PE 数量、五星级酒店数量、国家级自贸区数量、海关特殊监管区域数量、全员劳动生产率、进出口贸易总额和人均 GDP 7 个维度上的分项得分与总体得分的差异。

在 VC/PE 数量维度中，北京市、上海市、深圳市、杭州市和宁波市的得分排名前 5（见图 3-7-5）。在打造我国多层次资本市场体系的背景下，北京市大力开展"发展绿色金融、支持绿色科技"的工作，上海市相关专业机构陆续成立，成为创新金融运行规则和标准的标杆，深圳市为 VC/PE 来华投资提供了充足的政策保障，杭州市政府为 VC/PE 相关机构提供直投基金资金支持和参与。

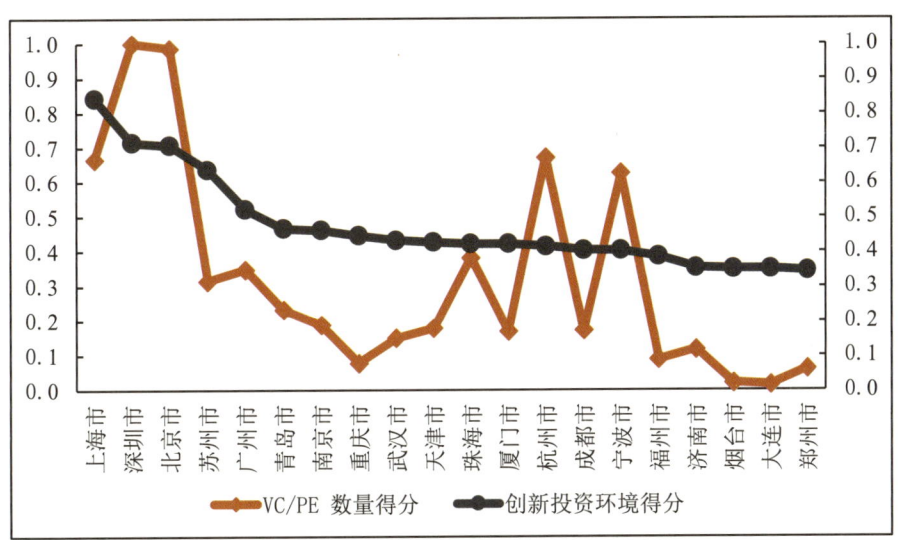

图 3-7-5 VC/PE 数量得分与创新投资环境得分对比图

在五星级酒店数量维度中，北京市、上海市、成都市、杭州市和苏州市位居前列（见图 3-7-6）。五星级酒店与城市经济的外向型程度存在一定的关联性。外向型程度较高的城市涉外商务活动、国际会议和展览活动较多，对高规格的酒店需求较大，五星级酒店的数量成为创新投资环境的组成部分。

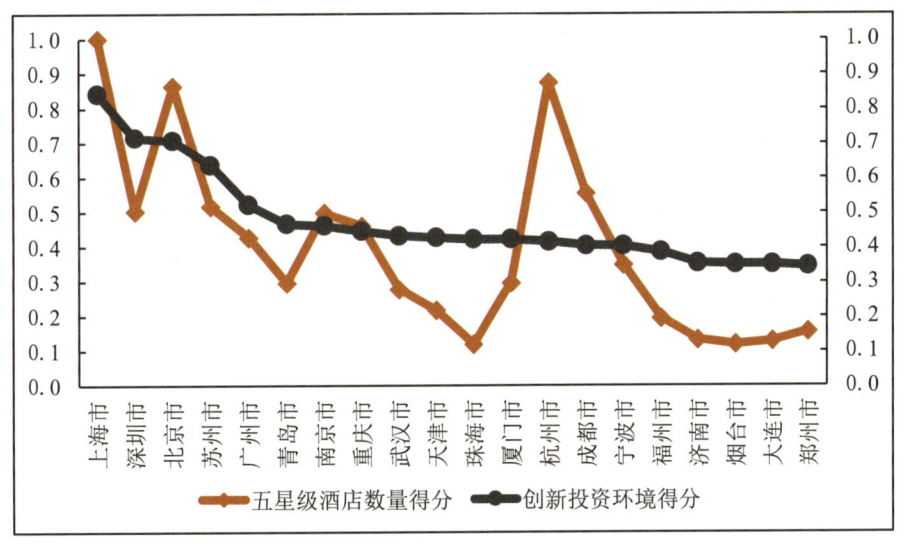

图 3-7-6 五星级酒店数量得分与创新投资环境得分对比图

在国家级自贸区数量维度中，除杭州市和宁波市以外，其余18个城市均建设有国家级自贸区（见图3-7-7）。国家按照战略规划实施国家级自贸区的建设决策，每个自贸区在发展战略、建设目标、实施范围、功能定位方面都有其独特规划，为不同城市提供贸易自由、投资自由的重要平台，促进生产要素的自由流动。

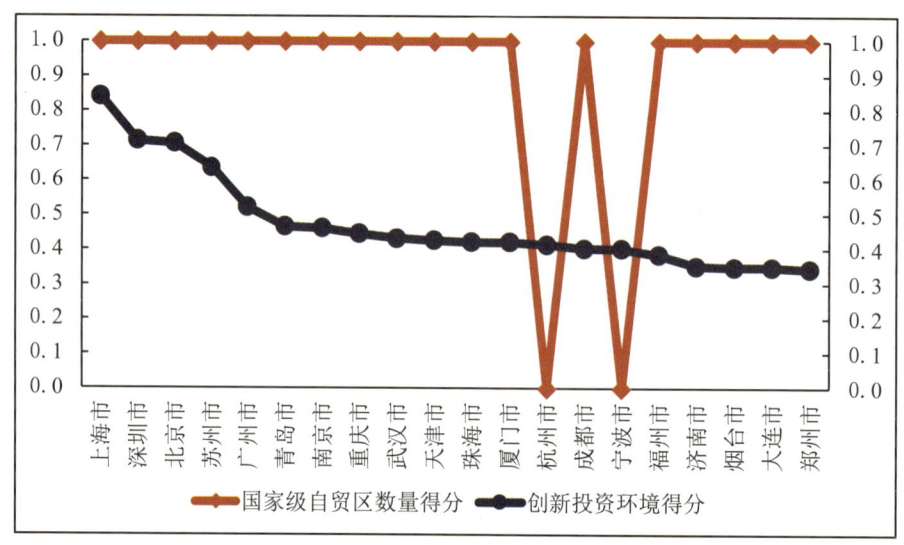

图 3-7-7 国家级自贸区数量得分与创新投资环境得分对比图

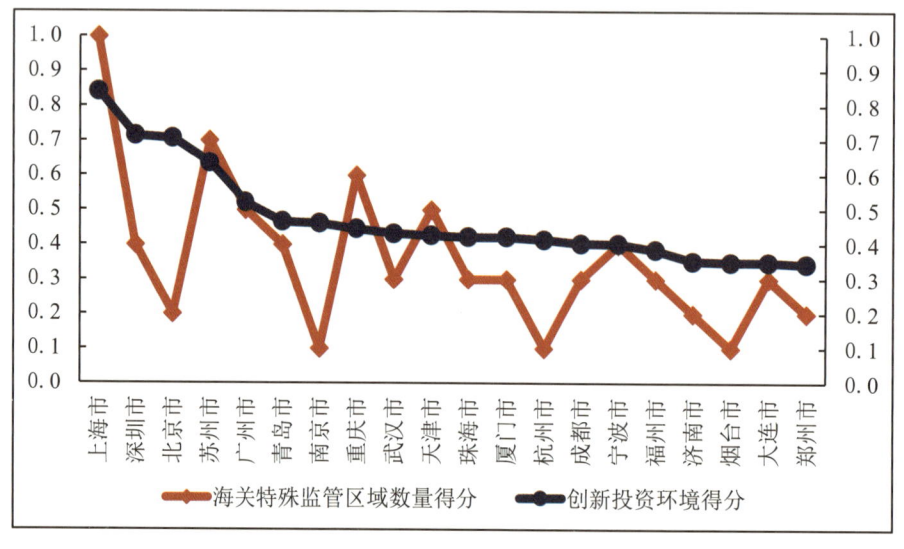

图 3-7-8 海关特殊监管区域得分与创新投资环境得分对比图

在海关特殊监管区域数量维度中（见图3-7-8），上海市、重庆市和苏州市位居全国前列。海关特殊监管区域被赋予承接国际产业转移、连接国内国际两个市场的特殊功能和政策，为各城市扩大外贸进出口规模、增强加工制造能力，推进各城市持续深化改革开放，加大对境内外投资的吸引力。

在全员劳动生产率维度中，武汉市、青岛市和烟台市得分排名比较靠前（见图3-7-9），由此维度分析图可以看出，我国一线城市的全员劳动生产率得分较为接近，大部分城市创新投资环境得分高于全员劳动生产率得分。全员劳动生产率是企业生产技术水平、经营管理水平、职工技术熟练程度和劳动积极性的综合表现。

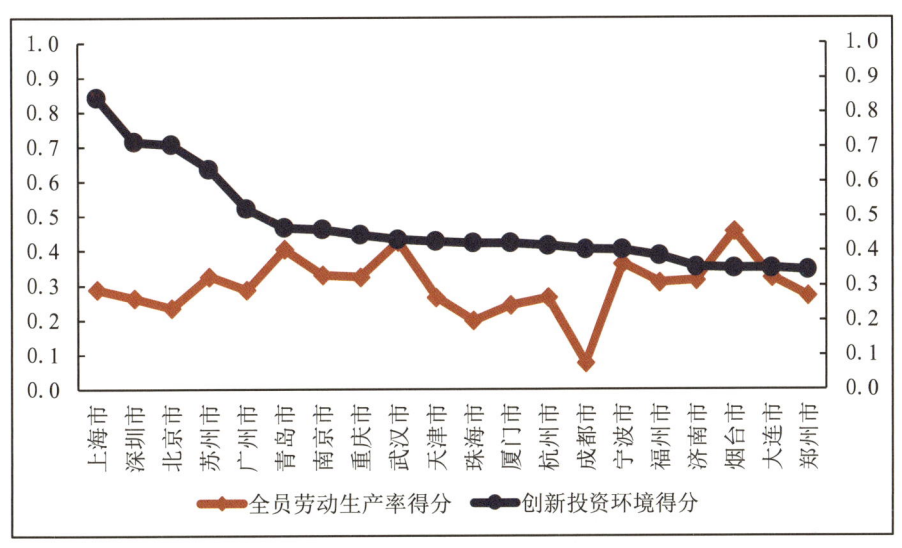

图3-7-9 全员劳动生产率得分与创新投资环境得分对比图

在进出口贸易总额维度中，北京市、上海市、深圳市和苏州市位居前列（见图3-7-10）。以上4个城市的外贸体制充分发挥市场机制的基础性作用、经营权全面放开、企业自主经营和自负盈亏，进出口贸易总额数量可观。宁波市的进出口贸易得分在创新投资环境排名前20强的城市中仅次于北京市、上海市、深圳市和苏州市。2020年宁波市全年的外贸进出口总额达到了9786.9亿元，其中民营企业在宁波市稳步增长的外贸进出口中发挥了至关重要的作用。

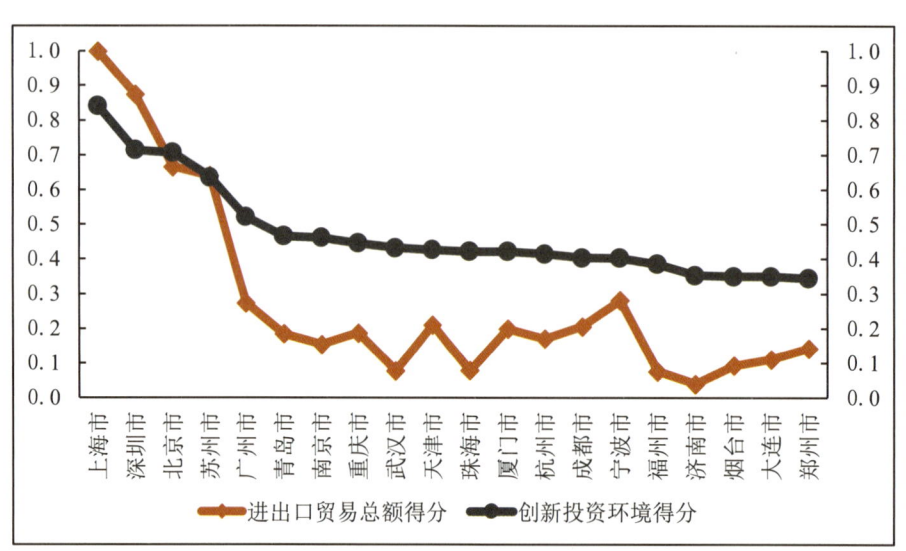

图 3-7-10 进出口贸易总额得分与创新投资环境得分对比图

在人均 GDP 维度中，北京市、上海市、深圳市、南京市和苏州市位居前列（见图 3-7-11）。前 20 强城市人均 GDP 得分均高于创新投资环境得分，由此说明经济发展质量是创新投资环境的基础建筑，经济发展水平在一定程度上推动着创新投资环境的改善与优化。

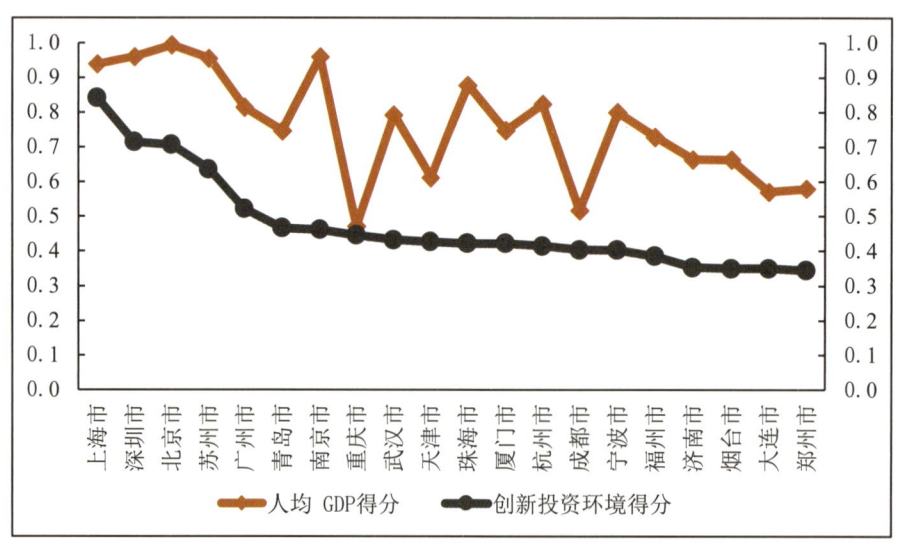

图 3-7-11 人均 GDP 得分与创新投资环境得分对比图

五、主要发现

通过对创新投资环境前 20 强城市在区域、梯度、位差、维度四个角度的分析，可以发现：

1. 从区域分布看，创新投资环境前 20 强城市在沿海地区呈现出一定的集聚效应，环渤海地区、长三角地区和珠三角地区入围城市较多。创新投资环境前 20 强城市的区域分布情况表明：经济发展情况与创新投资环境间有一定的相关性，优质的城市创新投资环境培育与区域发展整体宏观规划关系密切。在国家的政策引导与支持下，以上地区利用其优越的地理位置，持续扩大开放本地经济市场，通过市场高效配置丰富的资源要素，为创新投资提供完善的配套基础设施，并在必要时刻及时进行强有力的政策干预，地区经济外向型程度持续提高，全力改善创新投资环境并使其日益优化，与创新投资之间形成良性循环。

2. 从梯度分析看，创新投资环境前 20 强城市分为 6 个组，组间差距相对较小。北京市、上海市、深圳市和苏州市作为一线城市，在创新投资环境中的排名靠前，与其经济发展规模相符。其中，北京市印发了《关于加快建设高质量创业投资集聚区的若干措施》，加大对创业投资的服务和支持力度，进一步优化了创新投资发展的政策环境；上海市出台了《2020 年上海市扩大有效投资稳定经济发展的若干政策措施》，积极扩大有效投资，营造更好投资环境，稳定经济发展；深圳市将综合改革与营商环境作为两大重点抓手，不断优化创新生态，深入实施创新驱动发展战略；苏州市通过提升经济开放度、增强整体经济实力并不断提高经济发展质量推动了创新投资环境的持续优化。值得注意的是苏州市与领头城市之间的差异正在不断地缩小。

3. 从位差分析看，大部分城市创新投资环境排名与 GDP 排名、人均 GDP 排名表现出明显的一致性，由此说明，经济发展水平、经济发展质量与创新投资环境之间有着较强的相关性。值得重视的是，珠海市、厦门市和大连市的创新投资环境水平明显领先于其经济发展水平；厦门市作为"一带一路"倡议支点城市，具有显著的政策优势，赋能创新投资环境。2020 年 3 月，大连市印发了《中国（辽宁）自由贸易试验区大连片区对标上海临港新片区进一步深化改革开放方案（试行）》，加快建立与国际通行规则紧密对接、具有大连特色、更加成熟的投资贸易自由化便利化制度体系。珠海市作为创新投资前 20 强中与 GDP 排名位差最大的城市，2020 年出台了《关于打造现代产业集群推动制造业高质量发展的实施意见》和支持集成电路、生物医药产业发展的系列政策，进一步优化了创新投资环境。

4. 从维度分析看。创新投资环境前 20 强城市分别在不同的维度上占据优势，其中北京市重视经济发展质量，聚焦市场、投资、政务、监管、人文五大环境改善，持续优化完善创新投资环境，实现转型升级发展的全新目标；上海市注重经济外向型发展，并建立健全相应配套服务设施，以政策的"实"和"效"实现发展的"稳"和"进"；天津市通过高效运转的体制机制优化创新投资环境，采取一系列改革措施提升"天津速度"；重庆市创新发展迈出新步伐，积极营造公平竞争创新投资环境，改革创新投融资及审批模式，持续提升投资便利度，优化创新投资服务管理。各地独特的创新投资环境发展经验，值得其他城市借鉴和学习。值得注意的是入围创新投资环境前 20 强的城市中，除杭州市和宁波市都建有国家级自贸区。2020 年国务院印发《关于北京、湖南、安徽自由贸易试验区总体方案及浙江自由贸易试验区扩展区域方案的通知》，其中明确强调浙江省自贸区实施范围从舟山扩展到杭州、宁波、金华（义乌），杭州市和宁波市在保持创新投资环境的持续竞争优势时需要不断与这些区域的资本、技术、土地等资源进行互换；同时，持续吸引高端产业向自贸区汇集，为区域经济发展注入新的活力。

第八章：创新生活环境前20强城市分析

城市创新生活环境主要用于反映与创新人才生活密切相关的各种自然条件和生活条件。具体指标含：优良天气数量、建成区绿化覆盖率、博物馆数量、每万人拥有公共汽车数、每万人拥有图书数、每万人拥有医院床位数、居民消费价格指数、平均房屋销售价格、平均房屋出租价格、教育支出占地方一般公共预算支出比例、年平均人口等。根据课题组测算，创新生活环境前20强城市（见表3-8-1）的区域、梯度、位差与维度分析结果如下：

表 3-8-1 2022 年创新生活环境前 20 强城市

城市	创新生活环境得分	创新生活环境排名	GDP排名	人均GDP排名	所在省市
成都市	0.7138	1	7	45	四川省
东莞市	0.6890	2	24	41	广东省
西安市	0.6588	3	22	54	陕西省
重庆市	0.6469	4	5	58	重庆
深圳市	0.6449	5	3	5	广东省
中山市	0.6041	6	83	66	广东省
包头市	0.5969	7	92	33	内蒙古自治区
昆明市	0.5950	8	31	51	云南省
乌鲁木齐市	0.5938	9	74	48	新疆维吾尔自治区
潍坊市	0.5904	10	39	75	山东省
广州市	0.5873	11	4	12	广东省
苏州市	0.5862	12	6	6	江苏省
赣州市	0.5846	13	67	93	江西省
威海市	0.5836	14	87	31	山东省
佛山市	0.5814	15	17	24	广东省
武汉市	0.5813	16	9	16	湖北省
洛阳市	0.5804	17	45	63	河南省
贵阳市	0.5795	18	52	64	贵州省
长沙市	0.5777	19	15	20	湖南省
无锡市	0.5770	20	14	1	江苏省

注：创新生活环境得分指其包含的三级指标标准化数据均权之和。

一、区域分析

创新生活环境前20强城市呈现明显的区域聚集效应（见图3-8-1）。直辖市中重庆市进入前 20 强，位列第四，位次相对靠前。广东省、江苏省和山东省入围的城市较多，占 9 席。广东省尤其突出，占 5 席，占比 25%。江苏省和山东省排名第二，各有两个城市上榜，各占 10%。湖南省、湖北省、河南省、贵州省、陕西省、江西省、四川省、内蒙古自治区、新疆维吾尔自治区和云南省等 10 个省、自治区各有 1 个城市入选。

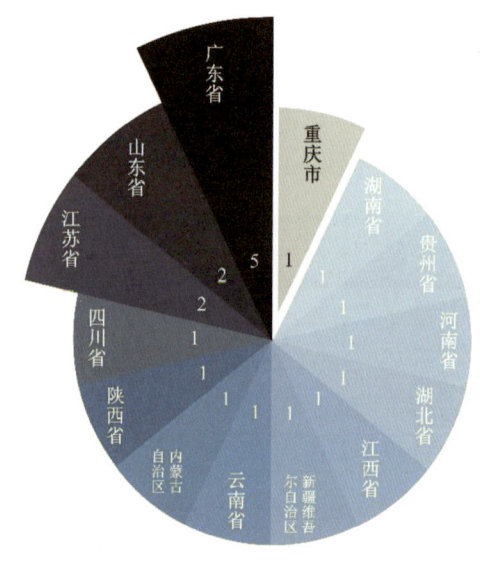

图 3-8-1 创新生活环境前 20 强城市省市分布图

创新生活环境前 20 强城市中有 9 个分布在东南沿海地区，11 个分布在中西部地区（见图 3-8-2）。

中西部地区入围前 20 强的城市包含：重庆市、成都市、西安市、昆明市、乌鲁木齐市、武汉市、贵阳市、长沙市、包头市、赣州市和洛阳市。其中省会城市成都、西安市、昆明市、武汉市、长沙市和直辖市重庆市的入榜与其城市经济发展水平相符，其他中西部入选城市的 GDP 排名均位于四十名之外。

东南沿海地区入围前 20 强的城市包含：广州市、深圳市、苏州市、中山市、潍坊市、威海市、东莞市、佛山市和无锡市。其中深圳市、广州市、苏州市、佛山市、无锡市的入榜与其城市经济发展水平相符。东莞市、中山市、潍坊市、威海市等城市GDP排名虽位列全国20强之后，但其城市生活环境排名进入前20强。

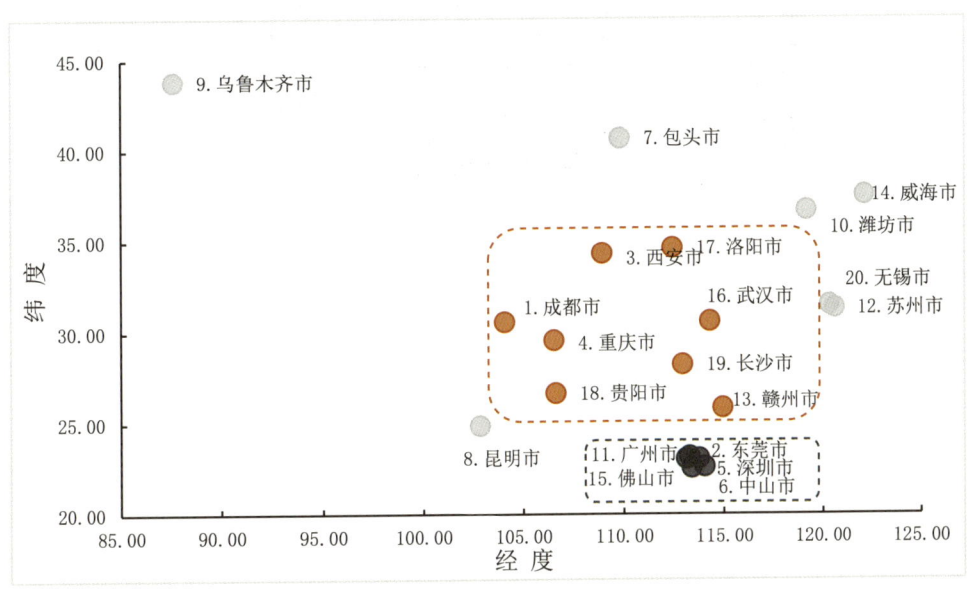

图 3-8-2 创新生活环境前20强城市区域分布图

二、梯度分析

根据创新生活环境标准得分可见，前20强城市可分为3个组（见图3-8-3）。成都市和东莞市两个城市属于第一组，成都市得分最高，排名第二的东莞市显著高于排名第三的西安市。重庆市、深圳市和西安市3个城市属于第二组，三个城市得分差异不显著。广州市、武汉市、长沙市、贵阳市、昆明市、乌鲁木齐市、苏州市、无锡市、中山市、包头市、潍坊市、赣州市、威海市、佛山市和洛阳市15个城市属于第三组。第三组内各城市间的得分差异较小。成都市、西安市和东莞市等大幅领先其他城市，在城市创新生活环境提升路径上值得借鉴。

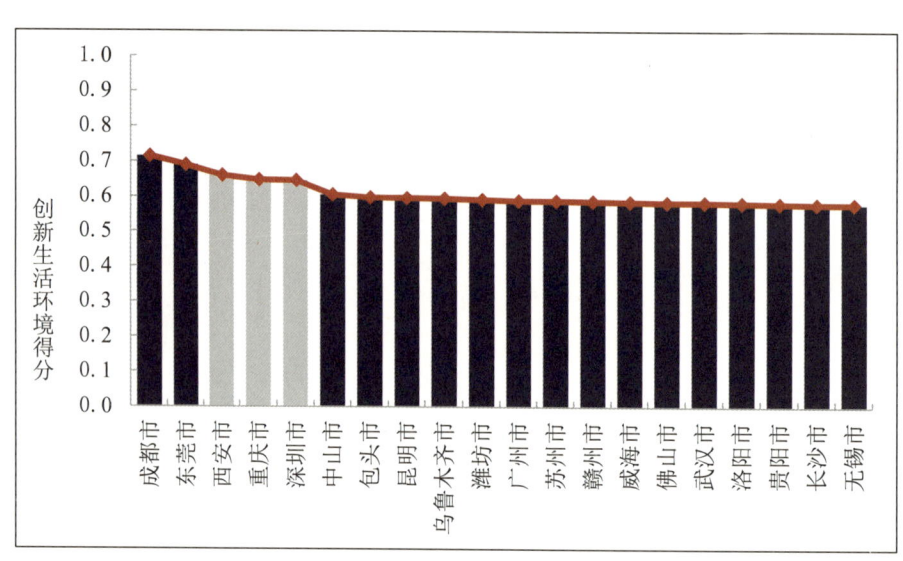

图 3-8-3 创新生活环境前 20 强城市梯度图

三、位差分析

城市创新生活环境与区域经济发展水平无较大关联。创新生活环境排名前 20 的城市主要聚集在西南地区和东南沿海地区，其中部分西南地区以及东南沿海地区城市 GDP 排名与城市生活环境排名较为一致，但也有部分城市 GDP 排名与城市生活环境排名差异较大（见图 3-8-4）。

创新生活环境前20强城市分析

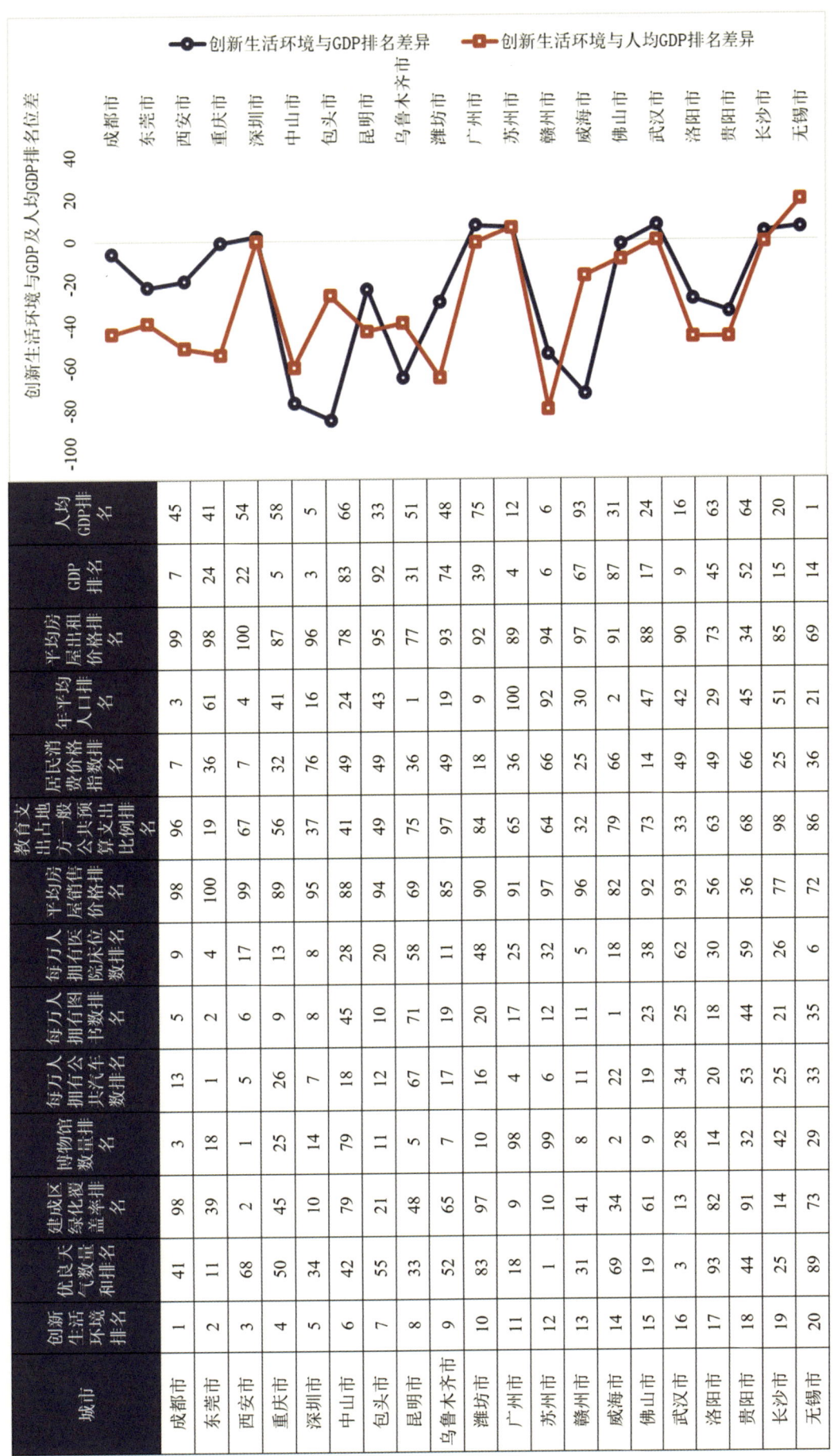

图 3-8-4　创新生活环境前 20 强排名与 GDP 排名以及人均 GDP 排名差异

城市	创新生活环境排名	优良天气数量合计排名	建成区绿化覆盖率排名	博物馆数量排名	每万人拥有公共汽车数量排名	每万人拥有图书数排名	每万人拥有医院床位数排名	平均房屋销售价格排名	教育文化占地方一般公共预算支出比例排名	居民消费价格指数排名	年平均人口排名	平均房屋出租价格排名	GDP排名	人均GDP排名
成都市	1	41	98	3	13	5	9	98	96	7	3	99	7	45
东莞市	2	11	39	18	1	2	4	100	19	36	61	98	24	41
西安市	3	68	2	1	5	6	17	99	67	7	4	100	22	54
重庆市	4	50	45	25	26	9	13	89	56	32	41	87	5	58
深圳市	5	34	10	14	7	8	8	95	37	76	16	96	3	5
中山市	6	42	79	79	18	45	28	88	41	49	24	78	83	66
包头市	7	55	21	11	12	10	20	94	49	49	43	95	92	33
昆明市	8	33	48	5	67	71	58	69	75	36	1	77	31	51
乌鲁木齐市	9	52	65	7	17	19	11	85	97	49	19	93	74	48
潍坊市	10	83	97	10	16	20	48	90	84	18	9	92	39	75
广州市	11	18	9	98	4	17	25	91	65	36	100	89	4	12
苏州市	12	1	10	99	6	12	32	97	64	66	92	94	6	6
赣州市	13	31	41	8	11	11	5	96	32	25	30	97	67	93
威海市	14	69	34	2	22	1	18	82	79	66	2	91	87	31
佛山市	15	19	61	9	19	23	38	92	73	14	47	88	17	24
武汉市	16	3	13	28	34	25	62	93	33	49	42	90	9	16
洛阳市	17	93	82	14	20	18	30	56	63	49	29	73	45	63
贵阳市	18	44	91	32	53	44	59	36	68	66	45	34	52	64
长沙市	19	25	14	42	25	21	26	77	98	25	51	85	15	20
无锡市	20	89	73	29	33	35	6	72	86	36	21	69	14	1

重庆市、广州市、深圳市、成都市、武汉市、长沙市、苏州市、佛山市和无锡市9个城市创新生活环境排名与城市GDP发展水平或人均GDP排名基本一致。这些城市经济发展水平较高，经济规模总量较大，较高的经济发展水平为创造良好的创新生活环境奠定基础。

重庆市、成都市、西安市、贵阳市、包头市、潍坊市和威海市7个城市的创新生活环境排名与GDP排名以及人均GDP排名位差较大，其中包头市位差最大，其创新生活环境排名与GDP排名位差达到85位，与人均GDP排名位差也较大，达26位。包头市作为以稀土、钢铁闻名的工业城市，却同时摘得联合国人居奖、国家园林城市、国家森林城市、全国文明城市、国家卫生城市、全国科技进步先进城市等多项荣誉称号。包头市走出了一条经济社会与生态文明互融并进的发展道路，值得相关城市借鉴学习。

重庆市、西安市、成都市和潍坊市4个城市的创新生活环境排名与GDP排名位差明显小于与人均GDP的排名位差。其中重庆市创新生活环境排名第四，与GDP排名有1个位差，与人均GDP排名有54个位差。重庆市作为我国著名历史文化名城，是巴渝文化的发祥地，拥有浑然天成的自然环境和悠久厚重的人文环境。重庆市大力推进城市基础设施建设，着力保障和改善民生，不断增强人民群众的获得感、幸福感。

乌鲁木齐市、包头市和威海市3个城市的创新生活环境排名与GDP排名位差明显大于与人均GDP的排名位差，其中乌鲁木齐市创新生活环境排名第九位，与GDP排名有65个位差，与人均GDP排名的有39个位差。乌鲁木齐市是新疆维吾尔自治区首府，我国西北地区重要的中心城市和面向中亚及西亚的国际商贸城市，具有良好的创新生活环境。

深圳市、广州市、武汉市、长沙市、贵阳市、苏州市和佛山市创新生活环境排名与GDP排名及人均GDP排名位差基本一致。上述现象表明城市创新生活环境与城市经济发展水平之间无直接线性关系。

四、维度分析

针对上述城市的创新生活环境差异情况，可以进一步分析其在不同维度上的比较优势。图 3-8-5 至图 3-8-14 分别展示了前 20 强城市在优良天气数量、建成区绿化覆盖率、博物馆数量、每万人拥有公共汽车数、每万人拥有图书数、每万人拥有医院床位数、平均房屋销售价格、平均房屋出租价格、居民消费价格指数、教育支出占地方一般公共预算支出比例和年平均人口 11 个维度上的分项得分与总体得分的差异。

城市优良天气数量维度中，昆明市和贵阳市排名第一（见图 3-8-5）。昆明市和贵阳市均已入选国家森林城市以及中国优秀旅游城市，位处云贵高原，特殊的地理地貌给两地带来了优良的天气质量。

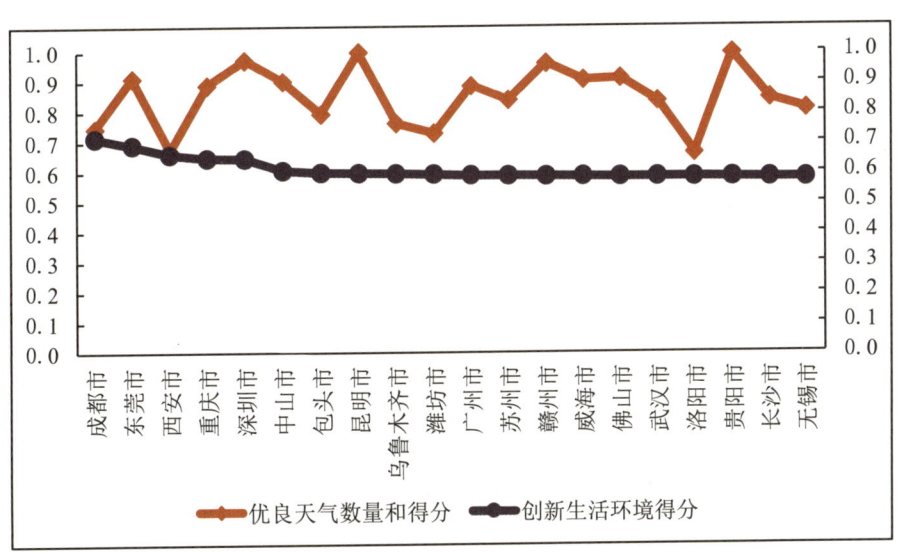

图 3-8-5 优良天气数量得分与创新生活环境得分对比图

城市建成区绿化覆盖率维度中，赣州市排名第一（见图 3-8-6）。赣州市是中国优秀旅游城市、国家历史文化名城、国家园林城市、全国文明城市和国家森林城市。

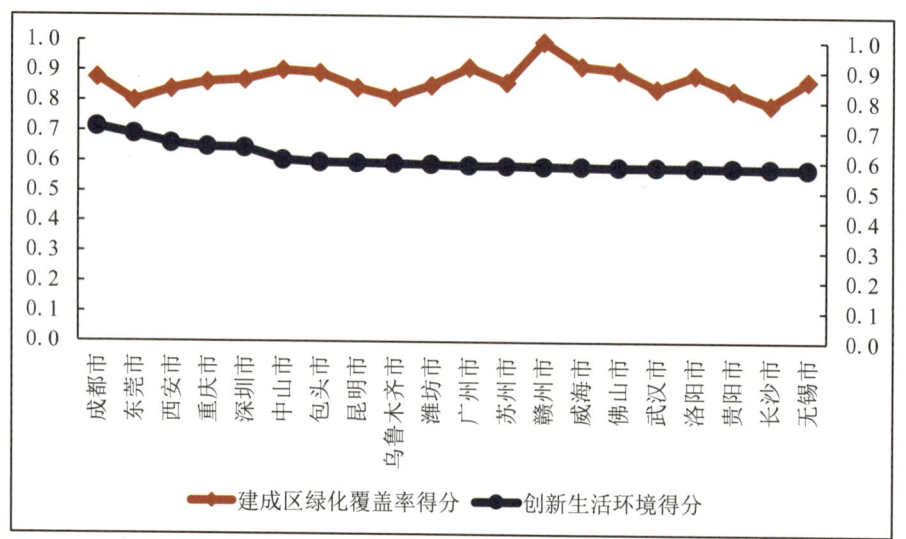

图 3-8-6 建成区绿化覆盖率得分与创新生活环境得分对比图

城市拥有博物馆数量维度中,广州市、成都市、西安市、无锡市和洛阳市排名前5(见图3-8-7)。这5个城市作为我国国家历史文化名城,拥有深厚的文化底蕴。目前成都市共有博物馆160家,其中国有博物馆50家、非国有博物馆110家,非国有博物馆的数量和质量均是全国城市第一。

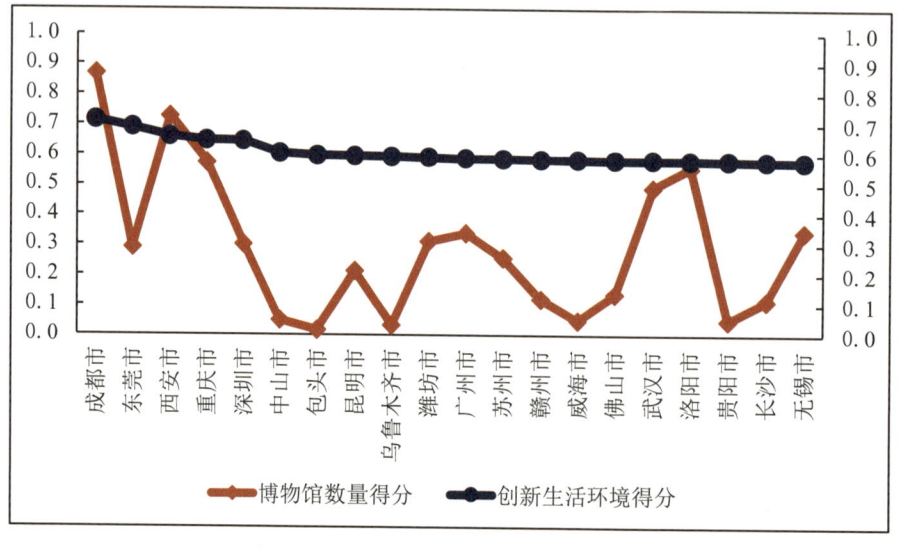

图 3-8-7 博物馆数量得分与创新生活环境得分对比图

城市每万人拥有公共汽车数维度中，深圳市排名第一（见图3-8-8）。目前深圳市公共交通保持全市出行方式主体地位，全市公交车辆全部纯电动化，规模全球第一，成为国家公交都市示范城市，也被交通运输部列为第一批交通强国试点城市。

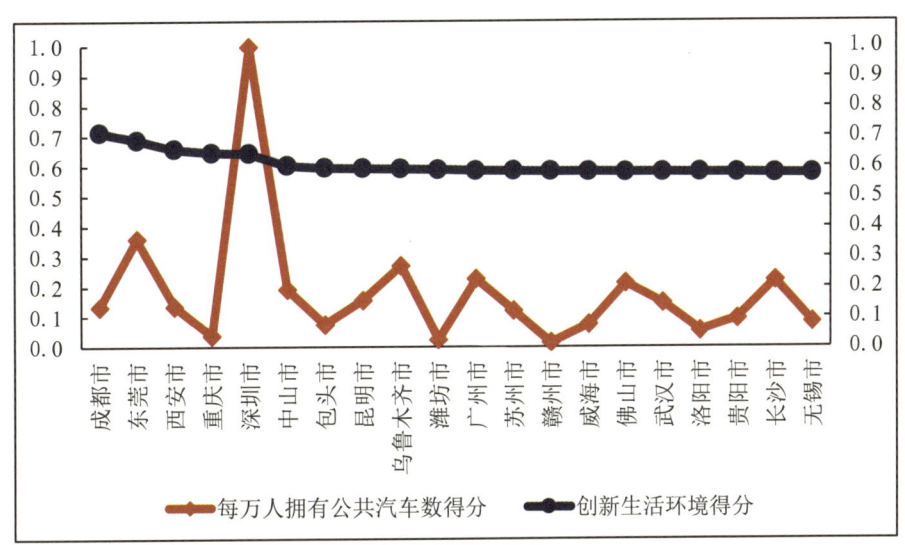

图3-8-8 每万人拥有公共汽车数得分与创新生活环境得分对比图

城市每万人拥有图书数维度中，深圳市和成都市得分较高，成都市排名第一（见图3-8-9）。2018年成都市制定《成都市公共图书馆事业发展工作

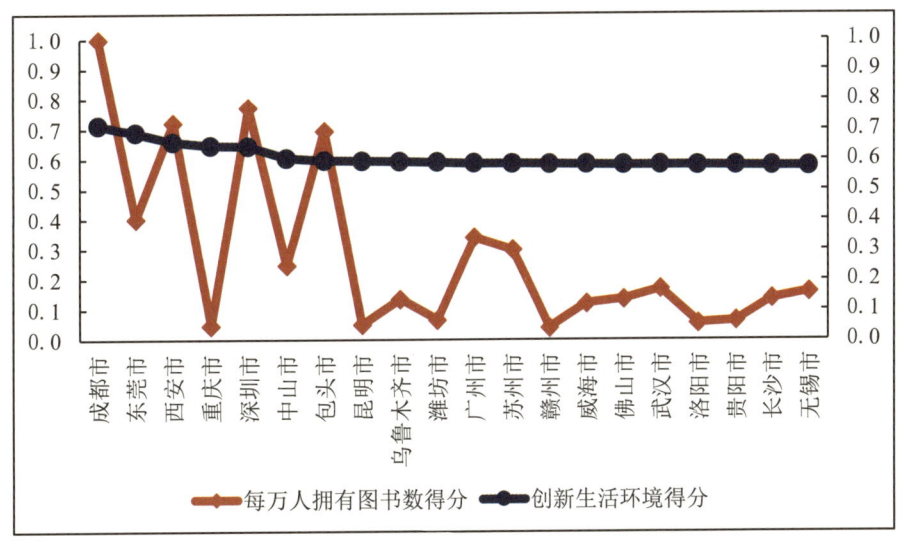

图3-8-9 每万人拥有图书数得分与创新生活环境得分对比图

计划》，通过完善设施网络，丰富服务内容，强化资源整合，构建覆盖城乡、服务高效、惠及群众的公共图书馆服务网络，进一步提升人民群众的文化获得感幸福感，发挥国家公共文化服务体系示范区作用。2003年深圳市在全国率先提出建设"图书馆之城"，目前"图书馆之城"建设促使深圳市公共图书馆规模、体系结构都有较大的发展和提升。公共图书馆建设为城市创新生活环境提升提供了文化保障，也进一步提升城市文化软实力。

城市每万人拥有医院床位维度中，乌鲁木齐市和东莞市分别位列前两名（见图3-8-10）。乌鲁木齐市拥有17家三级医院，29400张医院床位，乌鲁木齐年平均人口较少，因此人均医院床位数排名得分较高。2019年东莞市拥有8家三级甲等医院，32181张医院床位。另外东莞市民营医院蓬勃发展，作为全国民营医疗机构最发达的城市，东莞市8所三甲医院中有两所为民营医院，截至2019年6月底，东莞市拥有民营医院有60所，占全市医院总数的55%。民营医院已成为东莞市医疗资源的重要补充。

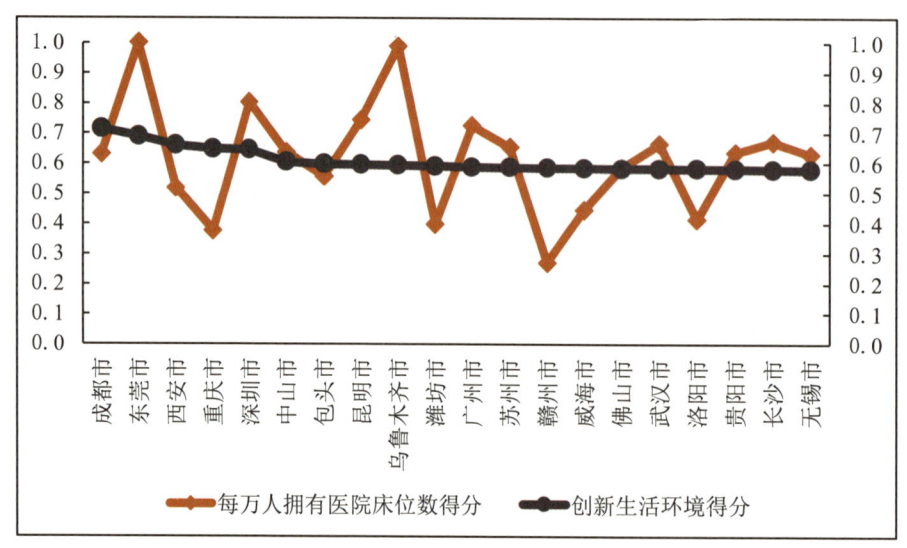

图3-8-10 每万人拥有医院床位数量得分与创新生活环境得分对比图

城市平均房价和房租维度中，排名前20强城市中广州市和深圳市得分低于创新生活环境得分（见图3-8-11）。这两个城市作为我国经济发达城市，城市基础设施较为完善,但较高的房地产价格也使得整个社会的创新成本在上升,导致新兴产业和初创企业的成本较高,创业过程承担了高房价或高房租的压力。

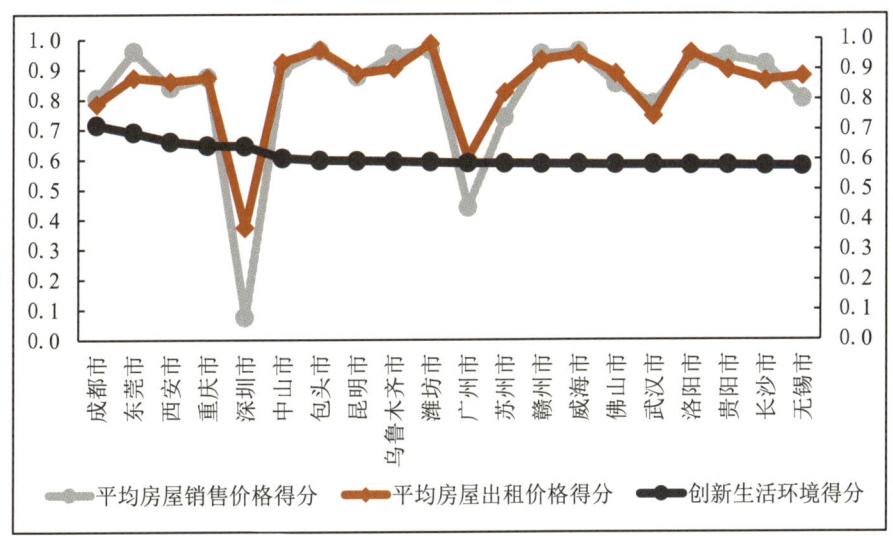

图 3-8-11 平均房价及房租得分与创新生活环境得分对比图

城市居民消费价格指数维度中,排名前20强城市的居民消费价格指数差异较小,乌鲁木齐市得分略高,排名第一(见图3-8-12)。乌鲁木齐市作为新疆维吾尔自治区首府,GDP排名为第七十四位,当地物价水平总体较低。

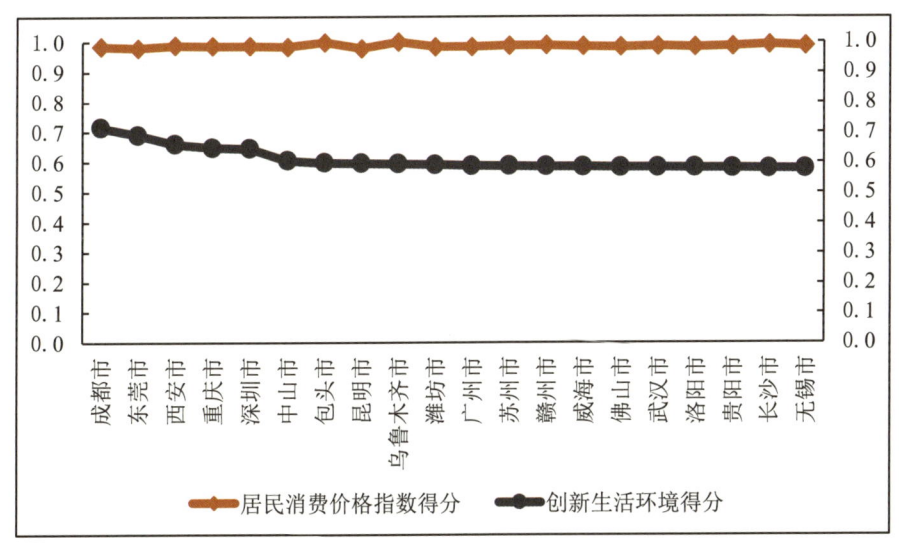

图 3-8-12 居民消费价格指数得分与创新生活环境得分对比图

教育支出占地方一般公共预算支出比例维度中，创新生活环境前20强城市中排名前5的城市分别为贵阳市、东莞市、威海市、潍坊市和中山市（见图3-8-13）。这些城市每年的地方一般公共预算支出中教育支出占比较高。例如东莞市坚持把教育优先发展放在突出重要位置，2020年一般公共预算教育支出202.89亿元，占一般公共预算财政总支出高达24.14%，目前东莞教育经费支出持续走在广东省前列。

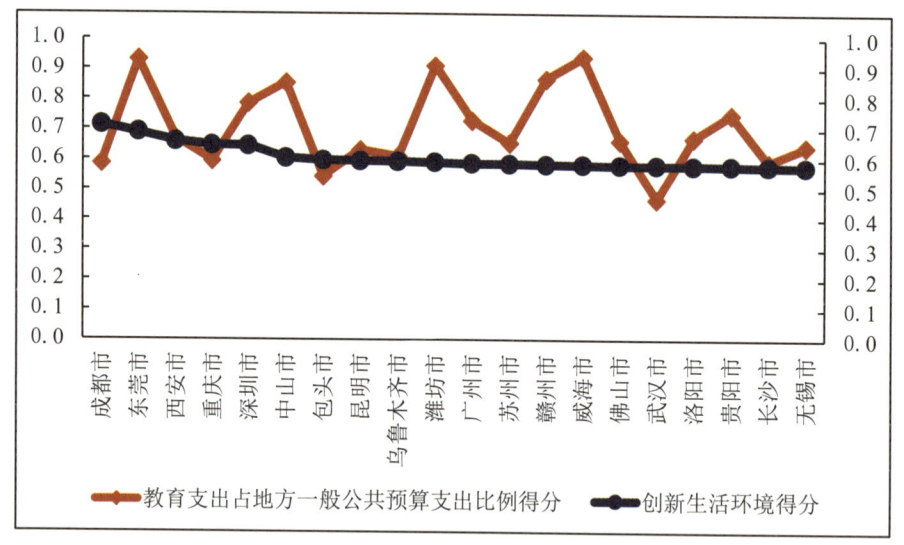

图3-8-13 教育支出占地方一般公共预算支出比例得分与创新生活环境得分对比图

城市年平均人口维度中，重庆市排名第一（见图3-8-14）。人口是经济社会发展的重要基础和核心要素，重庆市年平均人口总数在全国各城市中位列第一，人口红利优势明显。

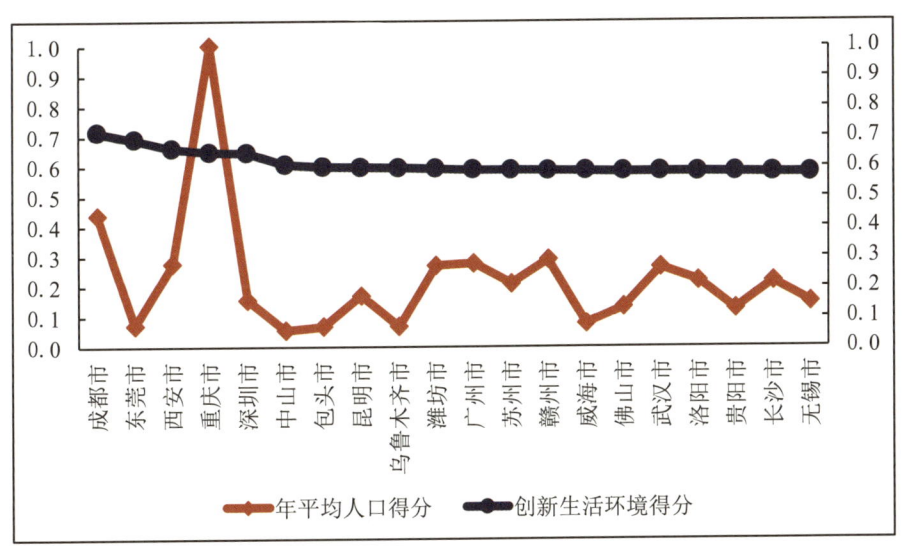

图 3-8-14 年平均人口得分与创新生活环境得分对比图

通过分析创新生活环境的 11 个三级指标维度，可以看出不同城市在三级指标维度上拥有各自的优势。各地政府可以根据本地的基础优势，加大创新生活环境建设投入，弥补短板，从而提升整个城市创新生活环境。

五、主要发现

通过对创新生活环境前 20 强城市在区域、梯度、位差、维度四个角度的分析，得到主要发现如下：

1. 从区域分布看，创新生活环境前 20 强城市呈现一定聚集现象。创新生活环境较好的城市主要位于西南地区和东南沿海地区。西南地区往往拥有良好的自然生态环境，且房价房租较低，生活成本较低。东南沿海地区经济较为发达，城市基础设施建设以及公共服务水平较高。因此西南地区和东南沿海地区在创新生活环境上各具优势，这些优势作为吸引创新创业人才的重要因素，是营造良好创新生活环境的重要组成部分。

2. 从梯度分析看，创新生活环境前 20 强城市间可分为 4 组，第一组与其他三组间得分存在一定的差异，但第二、三和四组间相互差异较小。重庆市、深圳市、东莞市和包头市属于第一组，表明这些城市具有良好的创新生活环境。重庆市出台《重庆市城市提升行动计划》，从城市规划、建设、管理、交通、基础设施、生态、人文、公共服务等方面提升城市功能，打造宜居城市，推进城市生活环境建设。深圳市通过对宜居环境建设进行顶层设计，制定了深圳市地方标准《宜居环境建设导则》，将宜居城市建设工作规范化、标准化，不断加大基础设施、公共服务设施和生态文明建设力度，提高城市服务和管理现代化水平，不断促进城市创新生活环境建设。东莞市大力优化改善人居环境，促进城市创新生活环境建设。2019年11月，东莞市作为广东省首个"城市体检试点工作"地级市，从生态宜居、特色鲜明、交通便捷、生活舒适、多元包容、安全韧性、城市活力、城市人居环境满意度等8个方面，对城市发展状况、城市规划的实施效果进行全面把脉，精确制定发展对策，推动城市人居环境优化提升和高质量发展。包头市经济发展水平相对低于重庆市、深圳市和东莞市，但其创新生活环境排名入围第一组。包头市利用自身区位优势和生态优势，通过实施八大亮点工程，提升城市品位和创新生活环境质量，包头先后获得联合国人居奖、中国人居环境范例奖、国家森林城市、国家园林城市等荣誉。贵阳市、遵义市和赣州市等城市创新生活环境入围前20强，这些城市在进一步保护和利用自然生态资源的基础上，不断推进城市基础设施建设，持续优化其创新生活环境。

3. 从位差分析看，创新生活环境与经济发展水平存在不均衡现象。贵阳市、包头市、威海市、遵义市和赣州市等创新生活环境排名与GDP排名以及人均GDP排名位差较大。这些位差较大的城市往往经济发展水平较低，拥有良好的自然生态环境，未来发展中，需要一方面贯彻"绿水青山就是金山银山"，进一步加强生态环境保护建设，另一方面通过提升城市宜居宜业的基础设施水平，打造良好的创新生活环境，将良好的创新生活环境转化为吸引创新创业人才的条件。杭州市、苏州市和佛山市等城市创新生活环境排名与GDP排名及人均GDP排名位差基本一致。杭州市围绕城市国际化的战略目标，出台了《关于全面提升杭州市社区建设国际化水平的实施意见》，不断完善教育、医疗、文化、商业等国际化功能配套，推进城市创新生活环境建设。苏州市发布《关于推进美丽苏州建设的实施意见》，着力提升经济社会发展的"绿色含量"，不断完善生活配套设施，改善自然生态环境，优化城市创新生活环境。佛山市坚持"生态优先、绿色发展"的发展定位，围绕制造业绿色转型升级、生态环境质量改善、生态系统保护修复、现代环境治理体系构建四大领域,践行绿色发展理念,推进生态、文明、绿色、宜居宜业宜创新的高品质现代化国际大城市建设。

4. 从维度分析看,昆明市、贵阳市和遵义市在优良空气数量维度排名领先。这些城市地处云贵高原,具有良好的自然环境禀赋、宜人的气候环境,形成了良好的创新生活环境。深圳市和东莞市在每万人拥有公共汽车数、每万人拥有图书数、每万人拥有医院床位数等维度上排名领先。乌鲁木齐市较少的年平均人口,使得在公共汽车和医院床位的人均数量维度上也具有一定的领先优势,其创新生活环境得分较高。上述指标体现了一个城市的公共交通服务水平、公共文化服务水平以及公共医疗服务水平,在一定程度上影响着城市对创新人才的吸引。重庆市在博物馆数量维度上表现较好,重庆市一方面推进国有博物馆建设,另一方面出台了《关于促进非国有博物馆发展的意见》,加大对非国有博物馆的扶持力度,给予非国有博物馆享受更多政策福利,鼓励社会力量参与博物馆公共文化服务,推动非国有博物馆发展,丰富市民文化生活,提升创新生活环境。

第四部分

科城融合 创新集群

科城融合 创新集群

一、从产城融合到科城融合：国内外城市创新集群发展的必由之路

城市是创新的载体，创新是城市发展的动力。全球科技创新版图中，在创新资源高度集聚的城市中往往能够形成产学研高度协同、创新环境优良，充满活力的创新生态系统，进而涌现世界级的创新集群和产业集群。

在科技创新高速发展的过程中，科技发达国家的重要城市基于自身科技创新资源禀赋和发展基础自发形成或规划建设了各种成熟的创新集群，成为国家和区域创新发展的增长极。如美国硅谷与波士顿128号公路、日本东京与筑波、英国东伦敦、德国海德堡、以色列特拉维夫等。这些地区创新主体集聚、产学研高度协同、创新环境优良，是以城市和地区为载体塑造良好创新生态的典范，具备资源集聚的典型特征。斯坦福大学、麻省理工学院等高校和科研机构在硅谷、波士顿集群发展过程中发挥了不可或缺的带动作用；欧盟"全球研发支出2500强企业榜单"中的世界级科技企业高度集中于创新集群，如伦敦拥有以阿斯利康、葛兰素史克、巴克莱银行等为代表的57家世界级企业；美国波士顿发达的高等教育为该地区建立了丰厚的人力资本，世界一流的研究机构和公司集聚成为波士顿地区吸引人才集聚的巨大磁石。

高水平创新集群的发展均离不开政府的政策支持，除直接支持技术创新活动外，更重要的是塑造良好的创新生态，包括鼓励创新、保护创新的法律制度体系，适当的财税政策、产学研协同创新机制，高质量人才吸引与培育政策，以及高效的技术转移转化平台和机制等。如以色列特拉维夫的发展得益于政府鼓励创新并致力于为创新提供资金、市场、渠道等方面的支持。日本东京对高新技术企业采取多种减免税收政策、金融信贷支持，积极培育官产学研一体的科技创新体系。英国伦敦利用"天狼星计划"，吸引了更多优秀国际人才。美国麦迪逊高技术集群的Weinert创业风险资本基金计划是在教育学生和帮助学术界商业化创新成果方面成功的典范。

国际创新集群发展体现出地区融合、联合驱动的新趋势。首先，创新集群发展注重与地区创新生态系统的互动融合，空间上表现为科城高度融合。

2018年，加拿大启动5个超级创新集群项目，旨在促进企业主导的产学研合作，从而推动开创性的研究和世界领先的创新经济，其超级创新集群建立在集群基础之上，强调更强的产学研及其与区域创新生态系统的联系、长期竞争优势，注重通过加强合作伙伴间的联系开发强大的供应链，吸引和聚集人才、技术、资本和新企业，以及为企业发展构建更优良的生态系统等。其次，创新集群发展走向市场与政府融合、官产学研多元主体联动的阶段，形成高效的创新发展体制机制。德国联邦政府于1995年开始在全国范围内开展集群策动，开展BioRegio（生物区）计划，加之持续的政策支持，全面促进了德国生物技术产业化发展。日本知识型创新集群在地方主导基础上，以具备独立研究项目和卓越研究潜力的区域院校为核心，通过企业和相关机构的多方共同参与，形成不同职能为节点的产学官协作网络。

中国科城融合注重创新生态的构建，正在加速形成国际级创新集群。 世界知识产权组织《全球创新指数》报告2017年开始设立科技集群专题，对全球百强科技集群城市进行跟踪分析，揭示全球主要创新策源地的发展趋势。2017年，基于专利分析的集群排名中，中国在全球百强创新集群榜中入选城市仅占7席，2018年增加论文分析后，中国在全球百强创新集群榜的入选城市增加到16个。从最新的2021报告来看，中国大陆占据全球百强创新集群榜的19个（深圳—香港—广州合为1个），仅次于美国（24个），数量上远超德国（8个）、日本（5个）等其他科技发达经济体，占发展中经济体（28个）的68%。其中，北京、上海、粤港澳大湾区三大国际科技创新中心，已跻身全球百强创新集群榜的前10位。

综合性国家科学中心成为中国科城融合建设创新集群的重要平台。 把握新发展阶段，贯彻新发展理念，构建新发展格局之下，综合性国家科学中心是国家创新体系建设的基础平台，集中体现国家创新战略和区域发展战略，推动重大科技基础设施与政产学研多元创新主体的系统集成，是我国建设世界科技强国、实现高质量发展的有力支撑，也是各地加快实现技术升级、产业革新的策源力，着力形成科技创新资源高度集聚、科技创新资源配置能力全球领先、科技创新引领产业发展、与所在城市高度融合的创新区域。以下选取综合性国家科学中心建设为例，解析我国主要城市营造科技创新生态、推动创新集群发展的路径与政策特征。

二、我国城市引领型创新集群的先行者：四个综合性国家科学中心打造世界级"创新热带雨林"

2016年以来，我国相继布局北京怀柔、上海张江、粤港澳大湾区、安徽合肥四个综合性国家科学中心，经过多年建设发展，四个综合性国家科学中心在原创性成果、颠覆性前沿技术、高层次人才团队、示范性制度经验等方面不断取得新突破，创新资源集聚效应凸显，粤港澳稳居全球百强科技创新集群榜第二位，2021年北京排名提升至第三位，上海也逐步提升至第八位，合肥从2018年的第九十七位大幅提升至2021年的第七十三位，与城市创新生态指数排名情况高度吻合，初步呈现"全世界瞩目、全方位创新、资源高效共享、成果高水平转化"的共性特征。

目前已批准建设的四个综合性国家科学中心，根据城市的资源禀赋、功能定位和产业发展，选择符合自身条件的发展路径，既有共性特征，也各具特色。

紧扣地区科学发展方向，秉持科学发展理念，打造科技创新集聚载体。 北京怀柔综合性国家科学中心定位于建设"与国家战略需求相匹配的世界级原始创新承载区"，按照"一核四区"的规划布局打造怀柔科学城，依托北京顶尖创新资源集聚的优势，重点开展物质科学、空间科学、地球系统、信息智能、生命科学五大前沿领域原创成果的重大突破。上海张江综合性国家科学中心强调前沿交叉创新能力，依照"1+N+4"架构布局建设，即建设一个重大科学设施群，发展能源、光子等N个研究方向，塑造张江综合实验室、创新研发平台、创新网络和大型科技行动计划4大发展支柱，将张江科学城按照"网络化、多中心、组团式、集约型"发展导向，建设成"科研要素更集聚、创新创业更活跃、生活服务更完善、交通出行更便捷、生态环境更优美、文化氛围更浓厚的世界一流科学城"。合肥综合性国家科学中心作为合肥加快打造国际影响力创新之都的重要任务之一，从核心层、中间层、外围层和联动层"四个层级"统筹推进科学中心建设，聚力建设滨湖科学城，重点围绕信息、能源、健康、环境4大前沿领域，开展多学科交叉和产业变革性技术研究，催生战略性新兴产业，致力于成为国家创新体系的基础平台、科学研究的制高点、经济发展的源动力和创新驱动发展先行区。大湾区综合性国家科学中心建设以深圳为主阵地，深圳光明科学城将按照世界级大型开放原始创新策源地、粤港澳大湾区国际科技创新中心核心枢纽、综合性国家科学中心核心承载区、引领高质量发展的中试验证和成果转化基地、深化科技创新体制机制改革前沿阵地5大战略定位，以信息科学、生命科学、新材料科学为主攻方向，打造综合性国家科学中心建设"深圳模式"。

聚焦学科领域和主导产业方向，加快推进重大科技基础设施建设，支撑多学科原始创新。 综合性国家科学中心是代表世界一流水平大科学装置群的集聚地，其内核是以大科学装置为基础支撑开展基础研究和原始创新。北京怀柔、上海张江、安徽合肥和大湾区4个综合性国家科学中心聚焦重点学科领域和主导产业方向，强力布局了一批具有国际领先水平的大科学装置，包括多模态跨尺度生物医学成像设施、综合极端条件实验装置、上海光源、中国超导托卡马克实验装置、国家超级计算深圳中心等，一些建成的大科学装置已经催生出世界一流的科研成果，例如上海光源自2009年5月建成投入运行以来，已成为用户产出成果最多的大科学装置，首次展现外尔费米子、揭示人源葡萄糖转运蛋白的结构和工作机理等成果具有世界级影响力。

发挥大科学装置集群优势，集聚全球高质量创新资源，加快形成国家战略科技力量。 大科学装置是整合各类创新要素的协同创新平台，4个综合性国家科学中心以重大科技基础设施为抓手，呈圈层模式汇聚各创新要素，搭建多类型高端创新平台，为知识创新、技术革新和人才培养提供良好环境，形成提升国家科技创新力、保障力和引领力的创新资源"蓄水池"。北京怀柔综合性国家科学中心启动脑认知功能图谱与类脑智能交叉研究平台、京津冀大气环境与物理化学前沿交叉研究等平台的建设，以国家实验室标准建设物质科学实验室和空间科学实验室；上海张江综合性国家科学中心加快建设张江实验室、李政道研究所、脑科学与类脑研究中心等高端创新平台，推动上海科技大学、复旦大学、中科院在张江进行布局，面向国内外引进高水平科技创新人才；合肥依托中国科学技术大学、合肥工业大学、中科院合肥物质科学研究院等高校和科研院所，建立天地一体化信息网络合肥中心、地球和空间科学前沿研究中心等前沿交叉研究平台和关键共性技术研发平台，已建成的同步辐射国家实验室成为我国材料科学、凝聚态物理学、能源环境科学等领域的重要实验平台。大湾区综合性国家科学中心加快建设鹏城实验室和深圳湾实验室，面向生命科学、医学和新材料等领域，筹建精准医学与大数据前沿交叉研究平台、生物学研究平台、脑认知功能图谱与类脑智能交叉研究平台等一批高能级创新平台。

创新体制机制，探索建立符合大科学时代创新发展规律的运行管理方式，构筑创新创业"生态圈"。 目前北京、上海、安徽已成立怀柔、张江科学城管理办公室以及合肥市科学中心建设协调领导小组，探索构建符合创新发展规律、科研管理规律和人才成长规律的创新科研治理机制。北京市怀柔科学城打造城市客厅、雁栖小镇、国际人才社区、创新小镇、生命与健康科学小镇等重要区域节点，为入驻科学中心的高校院所开展创新活动提供高质量服务。上海市张江综合性国家科学中心探索建立由理事会主导的综合性国家科学中心组织管理新制度，下设管理中心和基金会，推动首席科学家示范制度。合肥市探索科学中心企业化运转、人员合同制管理、实行中长期目标考核等创新。深圳市通过建设综合性国家科学中心开放创新先导区，构建与国际接轨的科技创新服务体系，努力在科技创新的市场化进程中完善推动创新发展的体制机制和政策环境。

三、我国城市未来创新集聚建设发力者：争创综合性国家科学中心的重点城市

综合性国家科学中心作为科技领域竞争的重要平台以及国家创新体系建设的基础平台，已成为各省市科技竞争的高地。南京、杭州、武汉、成都、西安、青岛、长沙、济南等城市均提出在"十四五"期间争创综合性国家科学中心，展开相应布局并显现一定成效，上述城市均入选2021年世界知识产权组织《全球创新指数》报告的全球百强创新集群榜，且近年来各城市在榜单中的排名均有不同程度的提升，城市创新生态指数排名稳居前列。

城市创新生态建设离不开研究型大学、科研机构、企业等创新主体之间的协同。各城市在创新主体规模与投入、创新协同平台与互动、创新投资环境和生活环境方面存在很大的差异，因此在争创综合性国家科学中心的部署上形成了不同的发展方向和重点。

南京、武汉、济南、成都、西安等城市以高水平科研机构为中心，打造科研创新机构集聚的前沿科学中心。 综合性国家科学中心是支持多学科、多领域、多主体、交叉型、前沿性基础科学研究、重大技术研发和促进技术产业化的大型开放式研发基地，依托科研院所和创新研发平台，不断优化创新主体结构，加强创新协同，打造前沿科学中心。南京、武汉、济南等市纷纷与中国科学院等国家战略科技力量深化合作，共同打造综合性国家科学中心核心承载区。**南京市**努力打造创新名城，支持麒麟科技城联合中科院建设基础研究创新基地，鼓励在宁高校、科研院所和各类企业联合开展基础研究和应用基础研究，构建一流创新协同平台，促进城市创新协同互动的发展。**济南市**在中科院济南科创城基础上规划建设"齐鲁科学城"，引进多家中科院院所，加快建设重大科技基础设施，促进落地的中科院科研机构开展重大关键技术攻关和先进成果转移转化。此外，济南陆续成立山东中科先进技术研究院、山东产业技术研究院、山东高等技术研究院等一批新型研发机构，引领和推动区域基础科学研究和技术创新，营造良好创新生态。**成都市和重庆市**提出以双城"联合体"的方式共建成渝综合性科学中心。成渝科技创新整合川渝两市科创资源融合发展，扩大创新协同和创新环境优势，加强创新集群优势，加快重大科技基础设施、一流科研机构、高校以及一流前沿科学交叉研究平台的建设步伐。**西安市**拥有雄厚的科研实力，具备人才优势，在2021年国家创新型城市创新能力排名中位列第七。西安市"十四五"规划提出，创建综合性国家科学中心，争取更多国家战略科技力量布局西安。

杭州、济南等城市发挥创新型企业优势，建设高科技企业集聚的科技创新中心。 综合性国家科学中心的创建应切实发挥创新型企业在推动科技成果研发、成果转化方面的主体作用，提升企业自主创新能力，推进产学研深度融合，让企业成为引领、推动和促进科技创新的重要力量。杭州、济南等城市在规划综合性国家科学中心建设时注重发挥本市高科技龙头企业的带动优势，强化企业创新主体地位，促进各类创新要素向企业集聚。**杭州市**民营经济发达，数字经济领先，具备国家级开发区等创新协同平台优势，积极建设一流营商环境，拥有完善的双创服务体系和良好的生态环境。杭州市"十四五"规划提出，以杭州城西科创大走廊为主平台建设创新策源地，打造综合性国家科学中心。企业作为创新主体在杭州市创建综合性国家科学中心的过程中发挥重大作用：行业龙头企业积极参与"尖峰计划"，开展重点领域前沿基础研究；之江实验室和湖畔实验室是杭州市新型实验室体系建设的重要组成部分；新型研发机构也是杭州综合性国家科学中心核心承载平台创建的重要基础。**济南市**锚定争创综合性国家科学中心的远景目标，健全以企业为主体的技术创新体系：大力培育高新技术企业；支持行业龙头企业牵头组建创新联合体，带动中小企业创新活动；发挥龙头企业和驻济高校作用，促进产学研深度融合，打造一批高质量创新创业共同体。

武汉、青岛等城市聚焦特色领域，创建特定领域资源集聚的科技中心，培育特色创新生态系统。综合性国家科学中心是代表国家参与全球科技竞争的核心力量，要在重点领域引领全球创新发展。因此，拥有稀缺性和独占性的创新资源将为城市争创综合性国家科学中心提供核心竞争力。**武汉市**创建东湖综合性国家科学中心充分发挥光电子产业集聚优势，武汉东湖新技术开发区是国家光电子产业基地，有"中国光谷"之称，武汉市"十四五"规划提出，加快建设以东湖科学城为核心的光谷科创大走廊，完善区域创新与产业布局，提升创新协同互动水平，将"中国光谷"打造成"世界光谷"。**青岛市**海洋资源丰富，是我国著名的海洋科研中心城市，涉海科研机构众多，海洋人才荟萃。青岛市以建设国家海洋科学城为着力点，全力创建综合性国家科学中心：积极带动和促进海洋科研要素集聚，推动青岛海洋科学与技术试点国家实验室建设；推进海洋科学考察船队建设，支持建设海洋生态系统智能模拟研究设施、海上综合试验场等大科学装置；加快推进中科院海洋大科学研究中心、国家深海基地等重大创新平台建设。

四、创新生态与城市未来

城市的发展靠创新,而创新需要良好的生态。以新一代信息技术、人工智能、生物技术、量子科技、智能制造等为突破口的新一轮科技革命和产业变革将深刻改变科技、产业和城市之间的互动逻辑。未来城市之间的综合竞争力将主要取决于创新生态系统的"迭代优化能力"。践行创新生态系统理念,建设综合性国家科学中心,发挥政府创新政策的指导作用、企业对技术创新的主体作用、科研组织的原始创新作用,系统布局领军企业、中小科技创新企业、高校院所、高端人才、科技金融等创新主体与创新环境,推动创新主体的合作与竞争,协同共生,使科技创新与政策创新形成全面互动,推动创新生态系统协同进化,提升城市创新体系整体效能、率先孕育未来产业,增强城市综合竞争力、引领未来技术潮流。

 第五部分

附件一:城市创新生态指数的指标体系
附件二:城市创新生态指数的指标解释及数据来源
附件三:城市创新生态指数的数据计算模型

附件一：城市创新生态指数的指标体系

一级指标	二级指标	三级指标
创新主体	创新主体规模	小微企业数量（家）
		高新技术企业数量（家）
		上市公司数量（家）
		拥有博士硕士学位授予单位数量（家）
	创新主体投入	R&D人员（名）
		知识密集型产业从业人员数（人）
		受高等教育人口比例（人/10万人）
		R&D内部经费支出（万元）
		科学技术支出占地方一般公共预算支出比例（%）
		研发投入强度（%）
	创新主体产出	拥有有效商标数量（件）
		获得国家级科技奖励数量（项）
		每万人发明专利授权数量（件）
创新协同	创新协同平台	国家级大学科技园数量（家）
		国家级技术转移中心数量（家）
		国家级孵化器数量（家）
		国家级开发区数量（家）
		协同创新中心数量（家）
	创新协同互动	高校与企业合办研究机构数量（家）
		高校经费来自企事业单位数额（千元）
		高校技术转移收入（万元）
		产业集群数量（个）
	创新国际合作	外商投资企业（含港澳台投资企业）（家）
		当年实际使用外资金额（万美元）
		境外注册专利数量（件）

附件一：城市创新生态指数的指标体系

续表

创新环境	创新投资环境	VC/PE 数量（家）
		五星级酒店数量（家）
		国家级自贸区数量（个）
		海关特殊监管区域数量（个）
		全员劳动生产率（万元/人）
		进出口贸易总额（万元）
		人均 GDP（元）
	创新生活环境	优良天气数量（天）
		建成区绿化覆盖率（%）
		博物馆数量（家）
		每万人拥有公共汽车数（辆）
		每万人拥有图书数（万册）
		每万人拥有医院床位数（张）
		居民消费价格指数（%）
		平均房屋销售价格（元/平方米）
		平均房屋出租价格（元/月/平方米）
		教育支出占地方一般公共预算支出比例（%）
		年平均人口（万人）

附件二：城市创新生态指数的指标解释及数据来源

01 小微企业数量

小微企业是小型企业、微型企业、家庭作坊式企业的统称。

数据来源： 企查查

02 高新技术企业数量

高新技术企业一般是指在国家颁布的《国家重点支持的高新技术领域》范围内，持续进行研究开发与技术成果转化，形成企业核心自主知识产权，并以此为基础开展经营活动的居民企业，是知识密集、技术密集的经济实体。

数据来源： 企查查

03 上市公司数量

上市公司是指所公开发行的股票经过国务院或者国务院授权的证券管理部门批准在证券交易所上市交易的股份有限公司。

数据来源： 企查查

04 拥有博士硕士学位授予单位数量

拥有博士硕士学位授予单位是指博士学位和硕士学位的学位授予单位，包括博士学位授予单位、硕士学位授予单位。

数据来源： 教育部数据汇总

05 R&D人员

R&D人员是指单位内部从事基础研究、应用研究和试验发展三类活动的人员。包括直接参加上述三类项目活动的人员以及这三类项目的管理人员和直接服务人员。为研发活动提供直接服务的人员包括直接为研发活动提供资料文献、材料供应、设备维护等服务的人员。

数据来源： 中国城市统计年鉴

06 知识密集型产业从业人员数

知识密集型产业从业人员数是指在生产过程中对技术和智力要素依赖显著超过对其他生产要素依赖的产业，包括信息传输、计算机服务和软件业、金融业和租赁和商业服务业三大产业从业人员数。

数据来源： 中国城市统计年鉴

07 受高等教育人口比例

受高等教育人口比例是指一个地区拥有大学（指大专及以上）文化程度的人口数占地区常住人口的比例。

数据来源：全国人口普查公报

08 R&D内部经费支出

R&D内部经费支出是指统计年度内全社会实际用于基础研究、应用研究和试验发展的经费支出。包括实际用于研究与试验发展活动的人员劳务费、原材料费、固定资产购建费、管理费及其他费用支出。

数据来源：中国城市统计年鉴

09 科学技术支出占地方一般公共预算支出比例

地方财政科技投入是指财政为促进科技进步而发生的直接资金支出和间接税式支出。

$$科学技术投入占比 = \frac{科学技术投入}{地方一般公共预算支出} \times 100\%$$

数据来源：中国城市统计年鉴

10 研发投入强度

研发投入强度是指一个地区年度内全社会实际用于基础研究、应用研究和试验发展的经费支出占地区生产总值的比例。

$$研发投入强度 = \frac{R\&D内部经费支出}{地区生产总值} \times 100\%$$

数据来源：中国城市统计年鉴

11 拥有有效商标数量

商标是用来区别一个经营者的品牌或服务和其他经营者的商品或服务的标记。我国商标法规定，经商标局核准注册的商标，包括商品商标、服务商标和集体商标、证明商标，商标注册人享有商标专用权，受法律保护。有效商标是指受法律保护的商标。

数据来源：知识产权局网站文件

12 获得国家级科技奖励数量

为奖励在科技进步活动中做出突出贡献的公民、组织，国务院设立了五项国家科学技术奖：国家最高科学技术奖、国家自然科学奖、国家技术发明奖、国家科学技术进步奖和中华人民共和国国际科学技术合作奖。

数据来源：国务院网站文件

13 每万人发明专利授权数量

发明专利授权量是指经国内外知识产权行政部门授权且在有效期内的发明专利件数。

$$每万人发明专利授权数量 = \frac{发明专利授权数}{年平均人口数}$$

数据来源：中国城市统计年鉴

14 国家级大学科技园数量

国家大学科技园是指以具有科研优势特色的大学为依托，将高校科教智力资源与市场优势创新资源紧密结合，推动创新资源集成、科技成果转化、科技创业孵化、创新人才培养和开放协同发展，促进科技、教育、经济融通和军民融合的重要平台和科技服务机构。

数据来源：教育部网站文件

15 国家级技术转移中心数量

国家级技术转移中心是指以加速技术转移、促进利用先进技术改造和提升传统产业及加快发展高新技术产业、优化和调整产业结构为目标，推动高校和科研院所的科技、人才、信息等资源与重点行业、重点企业结合，推动产学研联合工作向纵深发展的机构。国家技术转移中心的主要任务是开展共性技术的开发和扩散、推动和完善企业技术中心建设、促进高校科技成果转化和技术转移。

数据来源：科技部网站文件

16 国家级孵化器数量

国家级孵化器是通过为新创办的科技型中小企业提供物理空间和基础设施，提供一系列的服务支持，进而降低创业者的创业风险和创业成本，提高创业成功率，促进科技成果转化，培养成功的企业和企业家。

数据来源：科技部网站文件

17 国家级技术开发区数量

国家级技术开发区包含国家级高新技术开发区和国家经济技术开发区。国家高新技术产业开发区是在知识与技术密集的大中城市和沿海地区建立的发展高新技术的产业开发区。国家级经济技术开发区是在沿海开放城市和其他开放城市划定小块的区域，集中力量建设完善的基础设施，创建符合国际水准的投资环境，通过吸收利用外资，形成以高新技术产业为主的现代化工业结构，成为所在城市及周围地区发展对外经济贸易的重点区域。

数据来源：国务院网站文件

18 协同创新中心数量

协同创新中心是以知识增值为核心，企业、政府、知识生产机构和中介机构等为了实现重大科技创新而开展的大跨度整合的创新模式。是通过国家意志的引导和

附件二：城市创新生态指数的指标解释及数据来源

机制安排，联合企业、大学、研究机构，发挥各自的能力优势、整合互补性资源、实现各方的优势互补，加速技术推广应用和产业化，协作开展产业技术创新和科技成果产业化活动的重要平台。

数据来源：教育部网站文件

19 高校与企业合办研究机构数量

高校和企业合作创新已经成为推动经济社会发展的重要力量。按照高校和企业创新的紧密程度，经历了技术合作、技术开发、共建研究基金、共建研究实体等四个阶段。高校和企业合办机构是高校与企业深层次合作方式之一。

数据来源：教育部网站文件

20 高校经费来自企事业单位数额

高校经费来源主要有三种渠道：政府拨款、市场筹措和学术项目。高校经费来自企事业单位数额一定程度上反映的是政府和社会企业对高校的支持力度和合作深度。

数据来源：教育部数据汇总

21 高校技术转移收入

技术转移收入是指技术持有人把本人所持有的技术转让给他人或供应给其他人使用，使用方支付给本人的费用，这笔费用除去税收和其他损耗所剩的费用就是技术转让收入，对于高校来说，科技成果转化能力是衡量高校学术水平和科研竞争力的重要指标。

数据来源：教育部数据汇总

22 产业集群数量

产业集群包含战略性新兴产业集群数量和创新型产业集群两类。战略性新兴产业集群是指一定地理范围内，与特定战略性新兴技术或产业相关的企业、科研机构和服务机构，通过互动与交流、共生形成的产业组织网络。创新型产业集群是指产业链上关联企业、研发和服务机构在特定区域聚集，通过分工合作和协同创新，形成具有跨行业跨区域带动作用和国际竞争力的产业组织形态。

数据来源：科技部和国家发展和改革委员会网站文件

23 外商投资企业数量（含港澳台投资）

外商投资企业是指依照中国法律在中国境内设立的，由中国投资者与外国投资者共同投资，或者由外国投资者单独投资的企业。

数据来源：中国城市统计年鉴

24 当年实际使用外资金额

当年实际利用外资是指本年度在和外商签订合同后，实际到达的外资款项。

数据来源：中国城市统计年鉴

25 境外注册专利数量

境外注册专利指我国申请人就一项发明创造在《专利合作条约》（简称PCT）缔约国获得专利保护时，按照规定的程序向中国以外的某一缔约国的专利主管部门提出的专利注册申请。

数据来源：Incopat数据库

26 VC/PE数量

VC/PE数量是指风险投资和私募股权机构数量。

数据来源：Wind数据库

27 五星级酒店数量

五星级指的是酒店综合水平达五星的酒店。酒店星级的划分以酒店的建筑、设施设备、功能及管理、服务水平为依据。具体的评定办法按照文化和旅游部颁发的设施设备评定标准、设施设备的维修保养评定标准、清洁卫生评定标准，宾客意见评定标准等执行。

数据来源：携程网

28 国家级自贸区数量

国家级自由贸易区是指在国境内关外设立的，以优惠税收和海关特殊监管政策为主要手段，以贸易自由化、便利化为主要目的的多功能经济性特区。原则上是指在没有海关"干预"的情况下允许货物进口、制造、再出口。

数据来源：国务院网站文件

29 海关特殊监管区域数量

海关特殊监管区域是经国务院批准，设立在中华人民共和国关境内，赋予承接国际产业转移、连接国内国际两个市场的特殊功能和政策，由海关为主实施封闭监管的特定经济功能区域。

数据来源：国务院网站文件

30 全员劳动生产率

全员劳动生产率是指反映一个地区所有从业者在一定时期内创造的劳动成果与其相适应的劳动消耗量的比值，衡量劳动力要素的投入产出效率。

$$全员劳动生产率 = \frac{地区生产总值}{年平均从业人员数}$$

数据来源：中国城市统计年鉴

31 进出口贸易总额

进出口贸易总额是指一个地区自营（委托）出口（包括销往香港、澳门、台湾地区）或交给外贸部门出口的产品、商品、出售给境外企业的技术或者为外商提供服务获得收益的总金额。包括外商来样、来料加工、来件装配和补偿贸易等生产的产品价值，以及境外技术合同或者服务实现金额。

数据来源：中国城市统计年鉴

32 人均GDP

人均GDP是指一个地区生产总值与该地区常住人口的比值，作为衡量一个地区的宏观经济运行状况的有效工具。

$$人均GDP = \frac{地区生产总值}{年常住人口}$$

数据来源：中国城市统计年鉴

33 优良天气数量

我国目前采用的空气污染指数（API）分为五级，API值小于等于50，说明空气质量为优，相当于达到国家空气质量一级标准，符合自然保护区、风景名胜区和其他需要特殊保护地区的空气质量要求。API值大于50且小于等于100，表明空气质量良好，相当于达到国家空气质量二级标准。

数据来源：中国研究数据服务平台（CNRDS）

34 建成区绿化覆盖率

建成区绿化覆盖率指城市中的乔木、灌木、草坪等所有植被的垂直投影面积，包括公共绿地、居住区绿地、单位附属绿地、防护绿地、生产绿地、道路绿地、风景林地的绿化种植覆盖面积、屋顶绿化覆盖面积以及零散树木的覆盖率。

数据来源：中国城市统计年鉴

35 博物馆数量

博物馆是征集、典藏、陈列和研究代表自然和人类文化遗产的实物的场所，并对那些有科学性、历史性或者艺术价值的物品进行分类，为公众提供知识、教育和欣赏的文化教育的机构、建筑物、地点或者社会公共机构。博物馆是非营利的永久性机构，对公众开放，为社会发展提供服务，以学习、教育、娱乐为目的。

数据来源：中国城市统计年鉴

36 每万人拥有公共汽车数

年末实有公共汽车运营车辆数是指城市公共交通企业可参加运营的全部车辆数。每万人拥有公共汽车数是指每万名常住人口拥有的公共汽车运营车辆数。包括技术完好的、在修的、待修的、长期停驶的，以及拟报废尚未经上级主管部门批准报废的运营车辆数。不包括公交企业的油罐车、货车和其他专用车等非运营车，也不包括借入、租入的客运车辆。

$$\text{每万人拥有公共汽车数} = \frac{\text{年末实有公共汽车运营车辆数}}{\text{年平均人口}}$$

数据来源：中国城市统计年鉴

37 每万人拥有图书数

公共图书馆图书总藏量指图书馆已编目的古籍、图书、期刊和报纸的合订本、小册子、手稿以及缩微制品、录像带、录音带、光盘等听视文献资料数量总和。

$$\text{每万人拥有图书数} = \frac{\text{公共图书馆图书总藏量}}{\text{年平均人口}}$$

数据来源：中国城市统计年鉴

38 每万人拥有医院床位数

医院床位数是指报告期末医院、卫生院的固定实有床位数。包括正规床、简易床、监护床、正在消毒和修理的床、因扩建或大修而停用的床位，不包括产科的新生儿床、病人家属的陪侍床、病人的观察床、接待室的待产床。

$$\text{每万人拥有医院床位数} = \frac{\text{医院床位数}}{\text{年平均人口}}$$

数据来源：中国城市统计年鉴

39 居民消费价格指数

居民消费价格指数是一个反映居民家庭一般所购买的消费品和服务项目价格水平变动情况的宏观经济指标。它是在特定时段内度量一组代表性消费商品及服务项目的价格水平随时间而变动的相对数，是用来反映居民家庭购买消费商品及服务的价格水平的变动情况，是一个月内商品和服务零售价变动系数。

数据来源：各城市统计年鉴

40 平均房屋销售价格

平均房屋销售价格是反映一定时期内房屋销售平均价格。

数据来源：中国房价行情网

41 平均房屋出租价格

平均房屋出租价格是反映一定时期内房屋出租平均价格。

数据来源：中国房价行情网

42 教育支出占地方一般公共预算支出比例

教育支出即公共财政预算支出中的教育支出项目。指政府教育事务支出,包括教育行政管理、学前教育、小学教育、初中教育、普通高中教育、普通高等教育、初等职业教育、中专教育、技校教育、职业高中教育、高等职业教育、广播电视教育、留学生教育、特殊教育、干部继续教育、教育机关服务等。

$$教育支出占比 = \frac{教育支出}{地方一般公共预算支出} \times 100\%$$

数据来源:中国城市统计年鉴

43 年平均人口

年平均人口数是指某年内各个时点人口的平均数,综合反映全年的人口规模,属于时期人口指标。

数据来源:中国城市统计年鉴

附件三：城市创新生态指数的数据计算模型

一、城市创新生态指数数据标准化

城市创新生态指数计算属于多指标综合评价问题。为消除评价中各指标计量单位的差异和指标值在数量级上的差别，保证具有不同量纲的指标能够进行有效合成，在采集指标的原始数据后，需要对指标原始值分别进行无量纲标准化处理，以解决指标的可综合性问题。

1. 标准化方法选择的遵循原则

（1）同一指标内部相对差距不变原则

标准化方法必须保持评价对象指标内部数据之间的相对差距不变。如果相对差距发生改变，则最终评价结果评价对象间的差距将被扭曲。

（2）不同指标间的相对差距不确定原则

由于不同指标的发展水平不同，有些指标发展比较快，总体水平可能较高；而有些指标发展比较慢，总体水平可能较低。因此数据标准化必须体现出不同指标间的相对差距不确定。

（3）标准化后极大值相等原则

数据标准化必须保证标准化后各指标的极大值全部相等（通常为1或者100）。

2、本研究采用的标准化方法

根据上述标准化方法选择的遵循原则，本研究采用以下方法进行标准化：

当指标为正向指标，即指标值增加对创新生态建设有积极影响时，第 i 个指标的无量纲化值 X_i 为：

$$X_i = \frac{x_i}{x_i^{\max}}$$

当指标为负向指标，即指标值增加对创新生态建设有消极影响时，第 i 个指标的无量纲化值 X_i 为：

$$X_i = 1 - \frac{x_i}{x_i^{\max}} + \left[1 - \max\left(1 - \frac{x_i}{x_i^{\max}}\right)\right]$$

当指标为中性指标，即指标值增加对创新生态建设无确定性影响时，第 i 个指标的无量纲化值 X_i 为：

$$X_i = \frac{x_i^{\min}}{x_i}$$

其中，X_i 代表第 i 个指标无量纲化处理后的标准数据；x_i 为该指标的原始值，$x_i^{\max}$ 和 $x_i^{\min}$ 分别代表该指标的最大和最小原始值。

二、城市创新生态指数计算方法

城市创新生态指数指标体系由3个一级指标，8个二级指标和43个三级指标构成，且各同级指标具有相同的重要性。因此，本研究采用三级指标等权法计算城市创新生态指数，具体计算步骤如下：

1. 将各三级指标的原始数据根据指标正负向，采用上述标准化方法进行标准化，得到各指标的标准数据；

2. 将各指标的标准数据均权相加得到每个城市的创新生态指数，最后根据指数数值大小依次对选定城市进行排名分析。

 结语

结　语

《"中国100城"城市创新生态指数报告》是由苏州创新生态研究院施琴芬博士牵头，协同中国科学院科技战略咨询研究院张秋菊团队、清华大学陈劲团队、南京审计大学于娱团队、南京邮电大学朱卫未团队、江苏科技大学吴洁团队以及国务院发展研究中心田杰棠、新华社中国财富研究院张庆源、上海科学院李万等近百人继2020年第一次发布后的第三次呈现。

前言和后语由施琴芬撰写。

《城市创新生态指数》的指标体系由施琴芬、张秋菊、于娱等组织完成。

《城市创新生态指数》的指标数据采集由于娱、施琴芬、朱卫未、吴征天、吴洁、吴蓉、周霞、徐楠楠、杨帆等带领各个研究小组完成，计算由于娱牵头组织实施。

《城市创新生态指数》的数据测试由于娱、张秋菊、施琴芬等组织实施。

《"中国100城"城市创新生态指数报告》由施琴芬、张秋菊、于娱等总体设计框架结构，并对各部分确定撰写内容。其中，引言部分一由李万等完成，引言部分二由于娱完成；第一部分由施琴芬、于娱、张秋菊等根据课题组全体成员的研究工作整理而成；第二部分第一章由朱卫未等完成，第二章由吴征天等完成，第三章由于娱等完成；第三部分的第一章、第三章由吴洁等完成，第二章由朱卫未等完成，第四章由周霞等完成，第五章由吴征天等完成，第六章由徐楠楠、周霞等完成，第七章由吴蓉等完成，第八章由于娱等完成；第四部分由张秋菊等完成；第五部分由于娱、施琴芬等完成。

《城市创新生态指数》的研究得到了几十家组织和上百位各界人士的大力支持与无私帮助！在此，我代表研究团队对所有关心与支持此研究的组织和个人表示衷心的感谢！

感谢潘教峰、宋大伟、赵路、韩煦东、张维等近百位专家对构建指标体系不吝指导与完善建议！

感谢团队每一位成员在数字与文字切换中所付出的艰辛努力！

感谢所有为《城市创新生态指数》研究提供支持、帮助的人们！

施琴芬

2022年6月18日

图书在版编目（CIP）数据

"中国100城"城市创新生态指数报告.2022年度/施琴芬，于娱主编.—北京：新华出版社，2022.12

ISBN 978-7-5166-6650-0

Ⅰ.①中… Ⅱ.①施… ②于… Ⅲ.①城市经济—研究报告—中国—2022 Ⅳ.①F299.21

中国版本图书馆CIP数据核字(2022)第240083号

"中国100城"城市创新生态指数报告.2022年度

主　　编：	施琴芬　于娱		
责任编辑：	徐光　刘宏森	装帧设计：	张大鲁　沙开月
出版发行：	新华出版社		
地　　址：	北京市石景山区京原路8号	邮　　编：	100040
网　　址：	http://www.xinhuapub.com		
经　　销：	新华书店		
	新华出版社天猫旗舰店、京东旗舰店及各大网店		
购书热线：	010-63077122	中国新闻书店购书热线：	010-63072012
排　　版：	苏州大成美集设计有限公司		
印　　刷：	河北鑫兆源印刷有限公司		
成品尺寸：	210mm × 285mm		
印　　张：	10.75	字　　数：	176千字
版　　次：	2023年2月第一版	印　　次：	2023年5月第一次印刷
书　　号：	ISBN 978-7-5166-6650-0		
定　　价：	88.00元		

版权专有，侵权必究。如有质量问题，请与出版社联系调换：010-63077124

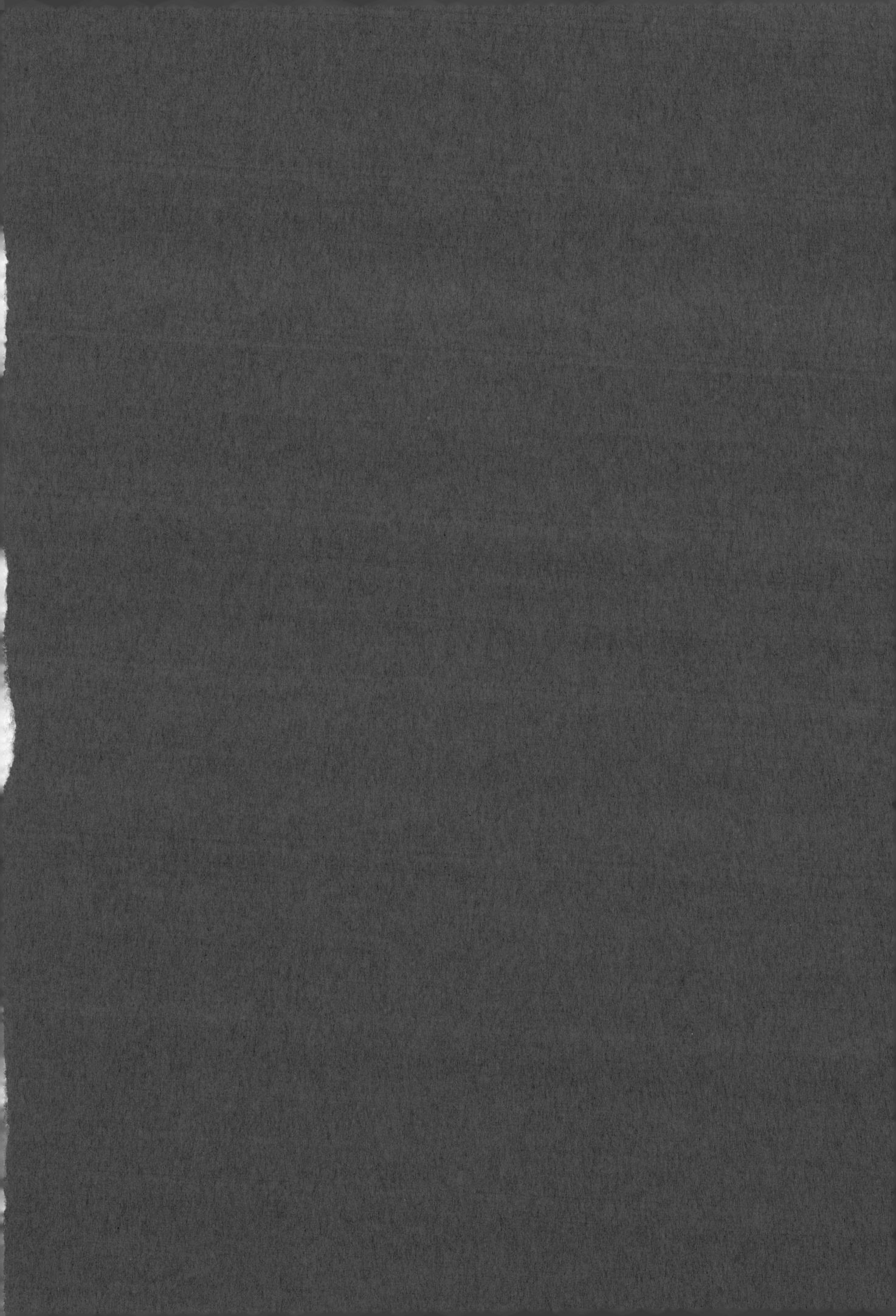